死ぬまでひとり暮らし

死ぬときに
後悔しないために
読む本

和田秀樹
精神科医

興陽館

はじめに——死ぬまでひとり暮らしが、最上級の幸せ

「死ぬまでひとり暮らし」をしている人が増え続けています。
どうせ死ぬんだから最後は自分らしく暮らしたい。
誰でも最後はひとりで死んでいくのだから。
残された時間を悔いなく生きるにはどうすればいいのか。
家族、子ども、会社、仕事、近所づき合い……。
あなたの時間を誰かのために使うなんてバカバカしい。
そんなことでは死んでも死にきれない。
あなたの人生は誰かのものではありません。

あなたの人生はあなただけのものです。

歳をとれば、多くの人にとって人生の責任はもうすべて果たした、といえるでしょう。

これまでがんばってきたのだから、残りの人生は好きなように生きたい。当然のことだと思います。

これからの人生は、がんばってきた自分へのご褒美の時間にするべきです。

すべてのくびきから解放されるときがようやくやってきたのですから。

この先、何をするのも、何を楽しむのも、どんな生きかたをするのも、自分次第です。

私は、高齢者専門の精神科医として、これまで6000人以上の患者さんを診察してきました。

1988年に浴風会という高齢者専門の総合病院に勤務して以来、35年にわたり、患者さんと向き合ってきました。

数えきれないほど多くのさまざまな生きかた、死にかたをこの目で見てきました。


どのように死ぬのが本当に幸せなのか。


終いの残された時間をどうやって過ごせば幸せなのか、考えてきました。

そこで分かったことは、誰かに支配されるということは、人間にとって最大のストレスになるということです。誰かとは、伴侶や親、子どもや孫などの家族も含みます。

それが人としての責任だからと、自分以外の誰かのために働き、やりたいことをガマンして生きることは、支配されているということにほかなりません。

ひとりで暮らし、ひとりで死んでいく。

死ぬまでひとりで生きる。自由こそ、人間にとって最上級の幸せです。

思い描いていた憧れを、今実行しなければいつするのでしょうか。

とはいえ、不安はつきまといます。高齢者がひとりで暮らすことは本当に幸せなのか。


特に歳をとると、幸せホルモンと呼ばれるセロトニンが分泌されにくくなるので、不安やストレスをこれまでよりも、強く感じてしまいます。

また、老化が進むと脳における感情をコントロールする部位である前頭葉の萎縮も進み、感情も衰えてきます。

こうした脳の構造的な変化に、身体的不調が重なったりすると、人間は悲観的な考えになりやすくなるのです。

不安とは、分からないから生まれるのです。

分かりきっている死でさえも、不安に感じます。

死ぬこと一つさえ不安なのに、これからの人生何が起こるか分からない。病気になるかもしれない。ボケるかもしれない。貯金が底をつくかもしれない。

こうした一つ一つの心配ごとが、不安を引き起こしていきます。

ひとりで暮らすことによるこれらの不安をどう取り除けばよいのか。

そんなとき、役に立つための本のつもりで本書をしたためました。

あらゆることには、対処する方法というものがあるのです。

高齢者の認知症やうつ病を多く診てきた中で、高齢になればなるほど、心と体の結びつきが強くなってくることが分かりました。

そこで、私は、自分の診療に生かすため、内科的なことや、アンチエイジングについても学んできました。

もちろん、食事や暮らしかたについても、調べてきました。

今の日本の医療のように、病気ごとに分けて行う臓器別医療では、高齢者の不調は賄いきれないのです。

若い人と同じというわけにはいかない。どうしても、すべてを総合的に診ないと分からないことが多いのです。

だから学んできました。そういった意味では、私は高齢者医療のエキスパートだと自負しています。

本書では、死についてや、お金、家族、食べ物、医療、薬の話から、具体的なひとり暮らしの方法についてまで、分かりやすく説明しています。

ひとりを楽しく生きるためのヒントや心構えもまとめました。

死ぬ間際「ああ。自分の人生、なんて幸せだったのだろう。十分楽しむことができた」と、あなたも思えるように生きてみてはいかがでしょうか。

ひとりで幸せに生き、ひとりを楽しんでいる人には、暗い影がありません。

あなたの晩年の人生を思う存分に謳歌して下さい。

本書がそのための一助になれば幸いです。
何を隠そう、私もひとりがホッとするタイプの人間です。
あなたが、残りの人生を好きなように生きられることを心から願っています。

死ぬまでひとり暮らし　目次

はじめに――死ぬまでひとり暮らしが、最上級の幸せ……3

第一章
自由に好きに暮らす！
――ひとり暮らしで死ぬ幸せ……19

死ぬときは痛くも苦しくもない……20
死を意識した私がわかったこと……22
孤独死をみんな恐れすぎ「ピンピンコロリ」はむしろ幸せ……24
ムダなガマンなんてするな……27
長く生きれば生きるほどみんな孤独になる！……29

他人に気をつかわない、孤独は自分だけの自由時間……32
自由になりたい、もう誰にも気をつかいたくない……34
誰かに支配される人生で終わっていいのか……37
節制しても寿命が一年延びるだけ、好きに暮らすのが体にいい……39
「人生100年時代」だからストレスは人生のムダ……42
家族という足かせ、親の金をあてにする子どもたち……44

第二章 やりたい放題で老化の壁を超える！

――ひとり時間は楽しみ放題……47
日本人の老後はこんなにヘンだ……48
止められていたことを全部やってみればいい……50

ひとり外出で心の健康を手に入れる……52
独居老人は幸せ、ひとり遊びで人生は豊かになる……55
弁護士になって楽しみながら脳を鍛える……57
「はじめてのラーメン」を食べて脳の老化予防をする……62
これで寂しくない、ひとり暮らしの休日の過ごしかた……69
ひとり勉強は一生の楽しみ、認知症予防にも効果絶大……72
ネットでひとり時間を楽しむ……75

第三章

自分のお金は自分で使いきる！

――ひとり暮らし、お金はどうする……81

「年金＋５００万円」、これだけあれば生きていける……82

生活保護は元をとるだけのこと、活用すればいい……86
節約すればヨボヨボになる、自分でお金は使いきる……88
結婚生活はホントに得なのか？　どうせ死ぬんだから自由に生きる……90
若さを保って豊かな晩年を過ごすコツ……94
お金を残さないでお金を使い切る方法……97
子どもにお金は遺さない……99

第四章 恋に歳は関係ない！

——恋愛で若がえる……105

恋愛は、脳、心、体、すべての特効薬……106
「人と話すこと」で老化は防げる……109

ひとり暮らしは自由、自分の人生を生きる……112
恋愛やセックスで体も頭もシャッキリする！……114
ひとり暮らしでヨボヨボ老人にならないために大事なこと……117
ひとり暮らしのセックスは脳を活性化させる……119
週2回のセックスで元気になる、頭が冴える……122

第五章 食べたいものだけ食べる

――ひとりメシはどうする？……127
ラーメン、寿司、蕎麦、ひとりの食事が味気ないなんて嘘……128
60歳からのダイエットで人は老ける……130
ひとりメシに最適なコンビニ弁当　食べて健康になる……134

ガマンは毒、禁煙禁酒はしない……136
「粗食≠ヘルシー」、体も心もヨボヨボになる……139
悪い食べ物が体をつくる　食べたいものを食べる……144
「ひとり暮らしの食事メニュー」、これを食べればいい……148
赤・黄・緑、色の濃い野菜で体の錆をとる……153
「最強の食べかた」1日3食＋間食がベスト……155
ホントにサプリメントは必要なのか……165

第六章

病院、医者、薬、これだけは知っておく

――ひとり暮らしと病気のこと……169

ひとり暮らし、病気になったらどうなる……170

医者と製薬会社のホントの関係、ホントに薬で儲けているの？……171
医者にもノルマがある、検査好きな医者に注意……173
いわれるがままはダメ、病院通いには十分注意する……174
病院選びを間違えない大事なポイント……176
「大学病院」「近所の町医者」通うならどっちがいい？……179
ここでわかる　いい病院を見抜く三つのポイント……181
「ピンピンコロリ」より「ネンネンコロリ」で死ぬのがいい……184
60歳からの健康診断やガン検診は有害でしかない……186
検査数値は気にしない……190
ガンで死ねたらラッキー　なぜなら……195
死ぬまでひとり暮らしをするために　この病気には注意……198
健康診断で早死に、その薬はホントに必要？……205
薬をやめるのが元気になる一番の特効薬……209

第七章 もっと歳をとったときどう暮らすか
——ひとり老後の生きかた……213
老人ホームで死ぬメリット……214
老人ホームでの一日どうなってるの……216
老後に自分でお金を稼ぐ方法……219
もっと歳をとった人たちの暮らしはどうなのか……222
おわりに——「死ぬまでひとり暮らし」は人生のご褒美……226

第一章

自由に好きに暮らす！

ひとり暮らしで死ぬ幸せ

死ぬときは痛くも苦しくもない

ひとり暮らしが嫌だという人に理由を聞くと、孤独死が怖い、ひとりで苦しんで死ぬのが怖いと必ずいいます。こういう人は現実を知らないのだなぁと感じます。

私が在院者の平均年齢が85歳くらいだった浴風会病院に勤務している間、年間200人以上の方が亡くなっていました。2日当直をすると、1回は誰かが死ぬというわけです。大勢の高齢者の死を見てきた私からいわせると、死は特別なものではありません。まったくドラマチックではありません。ごく平凡に日常的に訪れてくるものです。ほとんどの人が死というものを自分の身に起こる劇的なものであるようにイメージしていると思いますが、それは間違いです。

そもそも死の間際には、意識がはっきりしている人はほとんどいないので、今、死んでいっているという自覚はありません。何日か前から意識がないことが多いので「このままでは死んでしまう」などという恐怖を感じる暇もありません。

ドラマや映画のように、死ぬ寸前に家族を呼んで何かをいい遺すという人を見たこともほとんどありません。例外的に長い間ガンを患っていた高齢の患者さんが亡くなるときに「今までありがとう」と酸素マスクを外していうことはありました。そんな具合です。のたうちまわって苦しんで死んでいくなどという人を、私は見たことがありません。

だいたいの人は、酸素マスクをつけて眠っているようで、呼吸の音が聞こえるだけの状態です。

死は、生の緩やかな延長線上にあるだけのものなのです。

生が緩やかに変化していく先で、グラデーションが薄くなって死へ移行するというと分かりやすいでしょうか。最期は寝たきりになり、「あれ。また眠っているなぁ」となる時間が増えていきます。そして、目を覚ますことが減り、死んでいくのです。そんなに恐れるものでもありません。

何より、いずれみんな死ぬのです。特別なことではないのです。

そのことを踏まえたうえで、あなたはこれからは「どんなふうに生き、死んでいきたいか」という死生観を具体的に持つといいと思います。そうすることによって、人生や医療とのかかわりかたが変わっていきます。

死を意識した私がわかったこと

ここで私自身の話をしましょう。

数年前、血糖値が急に上がり、1か月で5キロ体重が減少したことがありました。結果的には糖尿病でしたが、膵臓ガンが疑われ、多くの検査を受けることになったのです。

そのときに「膵臓ガンだった場合、治療は受けない」と真っ先に決めました。膵臓は肝臓とともに「沈黙の臓器」と呼ばれていて、自覚症状が出たときには、かなり進行していることがほとんどです。もし、ガンだった場合、つらい治療をして、心身ともにボロボロになって死ぬのは嫌だったのです。

何の治療もしなければ、ガンは、比較的死ぬ寸前まで、動ける病気です。動けるうちは、好きな旅行もできるでしょう。美味しいものを食べる体力もあります。人生の最期に、なるべく長く元気で、好きなことをやりたい放題やって、死んでいく。これが、私の死生観です。

自分が膵臓ガンだとしたら、**死を意識したとき「やりたい放題」しなければと強く思いました。**

死生観は人それぞれです。死にかたに正解も不正解もありません。これからどう生きて、どのように死んでいきたいかを考えることが重要です。人生の決定権は、自分で持ちましょう。

孤独死をみんな恐れすぎ「ピンピンコロリ」はむしろ幸せ

ひとり暮らしで誰にも看取られず、苦しんで死ぬ。そして、何日も経ってから発見される。そんなふうに孤独死を恐れる人が多いことに、私は驚いてしまいます。

なぜなら、今の日本の福祉制度上、**孤独死はそんなに起こることではないからです**。病気でもうすぐ死ぬ。あるいは、要介護認定を受けていて寝たきり。そんな場合は、ほぼ例外なく、何らかの福祉制度とつながっています。

日常的な支援も行われていて、自宅で療養していたとしても、かなり頻繁に誰かが様子を見にくることになっているのです。そこで、具合が悪そうならすぐに病院に連れて行かれます。万が一、ひとりのとき体調が悪くなっても、まだ生きていたいと思うなら119番に電話すればいいだけです。

もし、心筋梗塞といった急死するような病気に襲われて救急車を呼べなかったとします。それでも、おかしいと思ってから完全に死んでしまうまでの間はせいぜい20分くらいでしょう。そのくらいの時間は、ひとり暮らしを選択したのなら、覚悟しなくてはならない時間のように思います。

皆さんが、孤独死を必要以上に怖がるのは、テレビの影響が大きいからと、私は考えています。ニュース番組やワイドショーは、視聴率をとるために、人が不安になったり、感情的になったりする出来事をことさらに扱います。孤独死のニュースをテレビが報道するのは、それが、センセーショナルでレアなケースだからです。

めったにない珍しい事件を報道すれば、視聴率がとれます。視聴率が高ければ、テレビ番組にはスポンサーがつきます。スポンサーは、どんな内容であれ、視聴率が高い番組に群がるのです。テレビを観るならば、ここを十分に理解しておきましょう。

死後数か月も発見されなかった高齢者の死など、そうそうあるわけないのです。それに、孤独死は悲惨なことだとは限りません。孤独死したということは、自殺などのケースを除き、理想の生きかたとされる「ピンピンコロリ」が実現できたということです。死の直前まで寝たきりにもならず、元気に生きていたという、なかなかできない死にかたができたわけです。そうでないと、介護保険の対象となって、見守りの人が2日に1度くらいは必ずきます。そう考えると、孤独死はむしろ幸せなことなのです。恐れることではありません。

ムダなガマンなんてするな

皆さん、本当にガマンが好きだなぁと私は思います。そのガマンは本当に必要なガマンでしょうか？　本来人間である限りはガマンなどしたくないはずです。ガマンは美徳だという「社会の無言の圧力」に屈する生活はもうやめにしましょう。

私たちはいい大人なのです。ましてや老いを意識し始める年代です。ガマンしながら生きていくというのでは、充実した人生が送れるわけがありません。

たとえば、同世代の人間が何かビジネスを起こしたときに「あいつは独身だから冒険ができるんだ」と突き放したいいかたをする人がいます。

「オレたちは家族がいるからあんな無謀なことはやりたくてもできないよ」

こういう感情はひとりの人への「やっかみ」にほかなりません。どこかでひとりの生きかたに憧れを持っているのです。

ひとりは怖いことでも悪いことでもありません。恐れることもなければ、罪悪感を覚える必要もないことです。悔いのない人生を歩むための一つの選択でしかないのです。

社会には、世間からどう見られようとひとりを幸福として生きている人たちがたくさんいます。その人たちに共通しているのは、自分のリズムやペースを大切にしている、暮らしの中のそういう時間を何よりも愛しているということです。

誰にも支配されず、自分の好きなように生きる。これほど幸福なことはありません。ひとりで暮らしてひとりの時間を楽しみ、ひとりで死んでいく。これほど納得できる生きかたはないように思えます。これからは、ひとりの人生を自分で選んで、ひとりで暮らしてみてもいいのではないでしょうか。責任はもう果たしました。

好きなものを食べ、趣味に生きてもいい。好きな人ができたら、恋愛に溺れてみてもいいでしょう。

誰かに委ねることはもうおしまいです。自分の人生をひとり暮らしで満喫しましょう。大丈夫。すべて、ひとりでできます。

長く生きれば生きるほどみんな孤独になる!

ひとり暮らしの高齢者に寂しくないのかとたずねると、「長年のことですから」とケロッとした答えが返ってきます。ひとりには、ひとりの生きかた、楽しみかたがあるからこその余裕でしょう。

人は長く生きれば生きるほどひとりになるものです。子どもは家を出て行くし、伴侶を病気で失うこともある。無二の親友との永別もあります。人生、長く生きれば生きるほど、ひとりが身近なものになるものです。

ひとりになるということは、チャンスだと受け止めて下さい。

「さぁ、ひとりになった」「さぁ、何をやろうか」、そう勢い込むのです。

そうすると、生きかたがどんどん自由になっていきます。好きなこと、やりたいことだけをやって毎日を過ごしても、文句をいう人はいません。しかも、自分が好きなこと、やりたいことはすべて自分が楽しければそれでいいのです。

自分以外の誰かと過ごすことは、ある意味「支配下」です。支配から抜け出したとき、初めて自由な時間を得、誰にも気兼ねしなくていい、のびのびとした時間が生まれます。

周囲の雰囲気に合わせたり、相手の主張に従ってばかりいると、自分が本当にやりたいことや好きなことはいつも後回しになってしまいます。

たとえば「今日は真っ直ぐ帰ってシチューでもつくろうかな」とつぶやくと「そんなのいいじゃん」「いつでもできるでしょ」と押し切られ、諦める。自分の気持ちを裏切ってしまう。それはよくない。大事なものを失った気持ちになります。大げさでなく、自分のプライドや、守りたかった世界を売り渡したような気持ちにさえなってしまうのです。

どうせ死ぬんです。ひとりになりたかったらひとりになる。これこそが、自分の中の大切なものを守る最低限の矜持になってきます。

自分の人生を存分に楽しむためにも、偽りの自己から抜け出して、本来の自分に戻りましょう。そのためにも、ひとり暮らしはその近道といっていいのです。

他人に気をつかわない、孤独は自分だけの自由時間

人とつながっているというのは、たしかに安心です。

でも、その安心を守るためには、相手や周囲に合わせて自分の願望を抑えたり、その場の空気を読んだり、あるいは他人の言葉や態度からその要求を汲み取るといった気遣いを求められます。いわば、本当の自分が出せない状態が続くのです。

私が敬愛するウィニコットという精神分析医は、そういう状態を「偽りの自己（ソーシャルセルフ）」と名付けました。ウィニコットはいつも「偽りの自己」ばかり出しているうちに、本当の自分を出せなくなってしまうのはまずいと主張しています。

私もそう思います。本当の自分が消えてしまい、周囲や他人のいいなりに生き

るしかなくなったら、それこそ不幸なことです。

ひとり暮らしはつらく、「ひとりぼっち」だと感じてしまうのでは……。多くの方がそう危惧すると思います。私自身、周囲の誰からも相手にされず、社会や他人との一切のつながりを断たれてしまったら、絶望的な気持ちになってしまうかもしれません。

でも、ひとりぼっちと自分の意思でひとりになることとは、違います。

大切なのは「自分が望むならひとりを選ぼう」ということです。

昨今の、ひとりを肯定的に、前向きに受け止めようという主張は大きな流れのような気がしています。現在の超高齢社会は、誰もがひとりと向き合う社会です。ネット社会も人間関係の束縛を抜け出すツールといえるでしょう。これからは、ひとりは当たり前の日常です。恐れるより親しむほうがずっと生きやすい時代になりつつあります。

ひとり暮らしに多少の不安や頼りなさはあっても、「さぁ、自由になったぞ」と思うだけで、多くの人は、清々した気分になるものです。

ひとりになったら「何をやろうかな」とワクワクしてきます。そういう浮き立つような感情が生まれる人は、ひとり暮らしに向いています。たぶん、その程度の感情ならほとんどの人が持っているのではないでしょうか。つまり、誰でも自分からひとりになろうと思うときがあるし、ひとりの入り口に足を踏み込むことがあるのです。

ワクワク、ドキドキするような感覚は素晴らしいものです。一歩踏み出してみても罰は当たりません。

自由になりたい、もう誰にも気をつかいたくない

誰しも「ひとりになりたい」と思うときがあると思います。そういうときは、自由になりたい、息苦しい人間関係から抜け出したいと感じているときです。

他人の視線を気にしてガマンしながら老いていくよりも、のびのびと前向きに人生を楽しんだほうが悔いは残りません。**大切なのは他人からどう見えるかではなく、自分がどうしたいのか。これに尽きると考えています。**

ガマンは強いストレスを生みます。強いストレスを受けると自律神経のバランスが崩れ、内臓機能を活性化させる副交感神経がうまく働かなくなってしまいます。すると、食欲不振や血行不良になり、免疫機能も低下してしまう。

また、ストレスがかかるとそれに対抗するためにコルチゾンといわれるステロイドホルモンが分泌されるのですが、これは他のすべてのホルモンの働きを阻害してしまうものです。これは問題です。

さらにストレスはガンにも大きく関係してきます。ストレスを受けると体内にフリーラジカルといわれる活性酸素が多く生み出されてしまい、細胞の「ミスコピー」が増えます。これが、ガンの大元ともいえるのです。その上、それを排除してくれるNK細胞の活性もストレスによって低下してしまいます。

ストレスは細胞を傷つけ、炎症を起こし、肉体にも精神にも負担をかけます。その結果、老化を加速させたり、ガンなどの重大な病気に直結させてしまうのです。

そんなストレスは、「ガマン」を強いられることの多い対人関係が大きな源泉になっています。私たちは、これまである程度のガマンを重ねてきた成熟した年代です。もう、必要以上のガマンをすることはありません。

「そんなに脂っこいものを食べちゃダメ」「休みの日にダラダラしないで」

そんなふうに、誰かに怒られ、指図される暮らしでは、いつまで経ってもストレスはなくならないでしょう。自分の欲望を前面に出して、思った通りに生きてこそ、自分の人生を自分でコントロールしているといえるのです。

いまさら、誰かに怒られたり、誰かと張り合って生きるより、ひとりのほうがずっと気楽で、健やかだと考えてみませんか。

誰かに支配される人生で終わっていいのか

老いていくということは、どんどんひとりになっていくということです。たとえば家庭を持っても、子どもたちは家を出て行き、夫婦だけの暮らしになります。そして、その先、妻が亡くなれば、自分ひとりになります。

仕事の一線から退けば、同僚も部下もいなくなります。新しい仲間や友人に恵まれたとしても、同世代は高齢になるにつれてひとりずつ欠けていくことでしょう。身構えたところで、有無をいわせずひとりはやってくるのです。

現在、男女ともに生涯未婚率が上昇しています。その理由の一つは「ひとりは当たり前」とみんな気づき出したことにあると思います。自分の世界に満足し、そこで自立して暮らしている人たちも、ひとりは当たり前ということを知っている人たちです。

幸福は主観的なものです。あなたが幸福だと思えばそれが幸福だということです。誰かにしばられ、支配される人生では、充足は困難です。

ひとりでもできること、ひとりだからこそ楽しめることをいくつも知っている人は、やりたいことがいつもあって、退屈しないで暮らしています。

私は、この本で、いつか訪れる孤独から目を逸らさず、受け入れようとしているあなたを応援したいのです。そういう人なら、ひとりでも幸福に暮らしていくことができると信じられるからです。たとえひとりになったとしても、寂しさを感じることなく朗らかに暮らしていくことができます。

これまでは、家庭を持って子どもを育てて家族で暮らすというのが、平凡だけど幸せな人生だと信じられてきました。でもそれは、ガマンや社会的圧力から生じた考えかたです。

賢明な私たちは、このまま死んでしまっては悔いが残ると気づいてしまいました。

ひとりで暮らしてひとりの時間を楽しみ、ひとりで死んでいく。そんな人生にも幸福はあるのです。

多くの人はそう考え始めています。

節制しても寿命が一年延びるだけ、好きに暮らすのが体にいい

私は長年、高齢者医療に携わってきました。その感覚からすると、60代以降に

色々な節制を心がけたとしても、寿命はせいぜい85歳が86歳になるという程度でしょう。たった1~2年寿命を延ばすために、ストレスの多い節制した暮らしを送ることに納得できるでしょうか。私はできません。

こんな例があります。80代のAさんは、タバコが大好きでしたが、82歳で肺ガンの宣告を受け、家族にタバコを禁止されました。それでも、Aさんは「どうせガンで死ぬんだから」とまた、タバコを吸い始めました。それから実に10年、毎日「うめえなぁ」とタバコを吸い続け、最後は肺ガンではなくクモ膜下出血で亡くなったのです。自分の楽しみを優先したおかげで、Aさんの免疫機能は上がり、ガンの進行が遅くなったのでしょう。これほど、自由がもたらす精神的安定は、健康に直結しているものなのです。

脳、特に元気を司る前頭葉は新しい刺激や「快」を得られる体験で活性化します。ガマンや節制を強いられるストイックな暮らしには、刺激も喜びも快もありません。誰かと一緒に暮らしていたら、やりたいことをせず、ガマンしたまま、ヨボヨボの老人になっていくだけです。そんな晩年では必ず後悔します。

死ぬまでには、まだ20年、30年。あるいはそれ以上の時間が残されています。たとえ1~2年早く死ぬことになっても、残りの人生、自分の好きなように生活できたほうが、よほど健康にいいのです。ましてや、ガマンばかりして、うつ病になって、自殺でもしようものなら、寿命はそこで一気に止まってしまうのです。

健康で安らかに暮らしていくためには、ストレスを取り除くことが大前提です。ひとりへの恐れは誰にでもあると思いますが**「好きなように生きたい」「煩わしい人間関係から自由になりたい」「ありのままの自分でいたい」**という願望を叶えることが、健康への最大の投資になるのです。

「人生100年時代」だから
ストレスは人生のムダ

60歳ともなれば、夫婦関係も見直したほうがいいでしょう。ストレスを抱えながら夫婦生活を続けていくことは、人生のムダです。

現代は「人生100年時代」といわれています。残りの人生もその人の面倒を看て暮らしていくのかをよく考える必要があります。家という場所がストレスの原因になったときの精神的負担は計りしれません。

熟年離婚や卒婚という言葉も、考えれば、自然の成り行きで生まれた言葉といえます。人生50年時代であれば、死ぬまで夫婦で暮らすことに問題は起こりませんでした。しかし、寿命が大幅に延びたうえに、価値観が多様化した現在では、人生100年を添い遂げるべきとする婚姻制度は、明らかに無理があるのです。

若くして結婚した場合、乏しい人生経験で自分に最良の人を見つけるのは、そう簡単なことではありません。何十年も同じ誰かと暮らしていくことは、そもそも人間の本能から見ると、かなり難しいことです。

「このまま、自分の人生を終わっていいのか」という疑問は、誰をも悩ませています。考えた結果、離婚や卒婚に踏み切ることになっても、そのほうが悔いが残らないと判断したら行動に移したほうがいいのです。

世間的には、成熟を迎えた年代であり、もう大きな変化とは無関係な歳だと思われがちですが、60歳というのは、人生でほぼ最後の大転換期です。**やり残したこと、悔いが残ることがあれば、今こそ片付けておくべきときなのです。**

夫婦という身近な関係だからこそ、できるだけぶつからないように余計に気をつかいます。すると、どうしても遠慮が入り込んでくるのです。つねに相手の機嫌を損ねないように言葉や行動に注意しながら、小さくなって暮らすことを強いられます。
そんな老後は、つまらなく惨めに思えます。

家族という足かせ、親の金をあてにする子どもたち

私は、老後に家族、特に子どもとの関係で苦労する高齢者を嫌というほど見てきました。下手に財産がある親だと、子どもはかなりの確率でそれをあてにするようになります。親のお金なのに「いつか自分が手にするお金」と勘違いするのです。

こうなると、子どもは親の行動にいちいち制限をかけるようなことをいってきます。ひとりで設備のいい老人ホームに住もうとしたら「そんなにお金をかけて、貯金がなくなったらどうするの。お父さんの老後が心配」などと、もっともらし

いことをいってランクの低い老人ホームをすすめてきたりするのです。節約のためといって、同居を強いてきた子どもと一緒に暮らし、遠慮しながら息をひそめて暮らしている人もいました。

妻との死別をやっとの思いで乗り越え、素敵な女性と巡り合い、再婚を決めたのに「財産目当てに違いない！」と猛反対され、泣く泣く諦める人も少なくありません。よしんば、その相手が財産目当てだったとしても、日本の法律では、死んでからでないと、財産を相続できませんから。実際、老後の面倒を看てくれるのに。

こんなふうに、自分のやりたいことを邪魔してくるのが子どもや家族なら、それは足かせでしかありません。

家族や子どもとの関係も一つの人間関係です。他人ではないぶん、甘えが入ります。実はそこに、ストレスの素が隠れているのです。

いつまで経っても「自分には責任があるんだ」と考える必要はありません。責任は十分果たしてきました。家族や子どものほうも、本当はもうかかわって欲しくないと思っている可能性さえあります。もう、それぞれ違う道を歩んでいるのだと割り切って、ある程度距離を置いたほうがいいのです。

高齢に近づくということは、背負い込んできたものから一つずつ自由になることです。代わりに、自分で毎日の暮らしを楽しむ知恵や工夫が必要になってきます。もうノルマの連続の人生ではないのですから、慌てず急がず、好きなように暮らしていきましょう。

第二章

やりたい放題で老化の壁を超える！

ひとり時間は楽しみ放題

日本人の老後はこんなにヘンだ

欧米の高齢者は、日本人よりも老後を楽しんでいます。

特にヨーロッパは60歳ともなれば、労働から解放され自由になるという考えなので「これからが本当の人生だ」とばかりに、旅行や遊びに精を出す高齢者が多いものです。

そもそも、海外の人は、日本人のように、労働に生きがいを感じていません。だいたいの人は「働いているときの自分はかりそめの自分」と思い、食い扶持のために働いています。彼らにとっては、17時30分以降の自分が本当の自分なのです。

定年制度はドイツのビスマルクが平均寿命まで生きた人に労働から解放してや

ろうと考え出したことなので、ヨーロッパの人には、これまで働いてきたのだから、これからは働かなくても食べられるのだという文化が根付いているのでしょう。

また、海外の人は、日本のように同僚を肩書きでは呼びません。「トム」「スティーブ」などとファーストネームで呼ぶ文化なので、定年後に関係性が劇的に変わったりもしません。このことも、老後を楽しめる理由の一つだといえます。

婚姻制度が日本のように複雑ではないことも、自由な老後を過ごすには重要なようです。アメリカは、不倫にはうるさいけれど、愛が冷めれば、それだけでみんな離婚します。ヨーロッパでは、パートナーをころころ替えることさえも、当たり前です。

情だとか義理や体面だとか、おかしな理由で離婚に踏み切れないのは、日本人くらいなものなのです。

自分の常識が一般常識だと思うから、日本人の生きかたは変になるのだと思います。

止められていたことを全部やってみればいい

「ひとりじゃつまらない」「何もできない」。そんな不安を感じている人もいるかもしれません。ただ、そう考えていると、自分から新しいグループなり団体なり、とにかく知らない人間関係の中に飛び込んでいく必要が生じてきます。それは、億劫でハードルが高い。ほとんどのひとり暮らしの人は、結局は何もしないで過ごしているのではないでしょうか。

そうなるくらいなら、何でもいいからひとりで楽しめることから始めたほうが気楽というものです。これまで、やりたくてもできなかったこと、誰かに止められていたこと、すべてをやってみましょう。

私は勉強が好きです。勉強のいいところは、いつでもどこでもひとりでできるというところにあります。誰かに教えてもらうことも含めて、ひとりで考えたり書いたりできるし、自分なりの着想を育てることもできます。一つの勉強に飽きてしまったら、別の分野にかえればいいのです。学校や仕事ではないのですから、好きな勉強だけしていても、誰にも何もいわれません。

かつて好きだったこと、いつかきちんと勉強したいと思っていたことを思い出して下さい。子どもの頃は、天体観測が好きで宇宙の勉強をしてみたかったとか、火山が不思議だと思ったとか、本棚の片隅に昆虫図鑑が隠れていたりとか、「あ、そういえば」という世界が、たいていの人にあるはずです。ひとり暮らしのスタートはそんな自分の世界を探してみることから始めてみましょうか。完全にひとりの楽しみです。

ひとり暮らしの高齢者は、皆さん「けっこう、やることがあって忙しい」といいます。

生活ですから、たしかにそうなんだろうなと思いますが、かといって忙しそうには見えません。何事につけ、一息入れながらゆったりと動いています。手を休めながら家事をこなし、好きなことを好きなタイミングでやる。

お気に入りの場所で気の向いた時間にお茶を飲んで静かな一日を過ごす。**そういった時間を楽しめることこそが、ひとり暮らしの醍醐味なのです。**

ひとり外出で心の健康を手に入れる

60歳を過ぎると、不安やストレスが強くなり、人生の楽しみや喜びを見失ってしまう人がいます。これは「幸せホルモン」とも呼ばれるセロトニンが加齢とともに分泌されにくくなるためです。

また、歳をとってくると、脳において感情をコントロールする部位である前頭葉の萎縮も進み、感情が衰えてきます。

こうした脳の構造的な変化に加えて、定年退職や愛する家族、ペットなどとの別れ、食欲低下や便秘、不眠などのちょっとした身体的不調が重なると、人は幸福よりも不安やストレスを強く感じ、悲観的な考えになりやすくなります。放っておいては、うつ病に進行しかねません。

そこで重要になってくるのが、外出や旅行から得られる刺激や喜びです。

これから先、体と脳は確実に老いていきます。それでも、心だけは、自分次第でいくらでも若返ることができるのです。長年、多くの高齢者を診てきた私だから断言できることです。**60歳からの人生に心の健康より大事なものはありません。**

どんどん外出しましょう。特に「日光に当たる時間を長く持つ」といいでしょう。人間は、日光に当たることで、セロトニンが脳内で多く分泌されることが分かっています。天気のいい日に散歩をするのもいいですし、軽いスポーツやガーデニングもおすすめです。望んだ場所に旅行に行けば、新鮮な発見や刺激が得られ、前頭葉が大いに活性化されます。

年齢を重ね足腰や認知機能が衰え、心身の活力が低下した状態を「フレイル（虚弱）」といいます。フレイルの予防こそ、来るべき70代、80代をシャキッと自立して過ごすことにつながるのです。

外に出て、散歩やウォーキングを楽しめば、足腰にも効果があるだけでなく、精神の栄養にもなります。目的なんてなくていいのです。とにかく家を出て歩いてみれば、家の中でひとりブツブツいいながら過ごすより、はるかに気が晴れます。

まず、外に出てみる。ポケットにスマホと財布があれば、どこまででも行けるし、何より、もう誰にも支配されていないのです。帰りの時間なんて気にしなくていい身分なのです。

独居老人は幸せ、ひとり遊びで人生は豊かになる

世の中の風潮として、未婚や独居の老人を気の毒とか不幸、もっといえば悪いことだと決めつける雰囲気があります。もっというと、社会問題だとして受け止める論調さえあります。そういう意見と出合うたびに、私は「ちょっと待ってよ」といいたくなるのです。別に悪いことでもないのに、何をいってるんだと思うのです。

ひとりで暮らしたり、行動したりする人は、ひとりが一番楽だからひとりでいるだけです。自分から望んでひとりでいる人が多いということを世間は見落とし

ています。それなのに、忠告めかして色々なことをいってくるのは、大きなお世話ですね。

ネット社会の現在は、家にひとりでいても世界とつながることができます。本を読んだり、映画を観たりしているだけで、考えの幅は広がり精神的に成長もできます。ひとりに、後ろめたさを感じる必要はまったくないのです。それどころか、何でも自由に楽しめるひとりの時間を持つことは、人間を豊かにするものなのです。

楽しくもないのに、誰かに合わせて楽しいふりをして過ごす時間ほど、苦痛なものはありません。**そんなムダな時間を過ごすくらいなら、ひとりで遊ぶほうがよっぽど有意義に過ごせるというものです。**何でもいいのです。行ったことのない食堂にひとりで行く。映画館でひとり映画を観る。居酒屋に行く。日常をひとりで楽しめるということが、ひとり暮らしの醍醐味になると私は思います。

カラオケも、おすすめ。歌うと喉仏周辺の筋肉が鍛えられ、飲み込む力を強化することができます。これからは食べ物が気管に入ってしまう誤嚥も気をつけたいので、喉を使う遊びは意義があるでしょう。歌うと呼吸機能もアップして肺活量も増えます。

高い声を出すときは喉仏が上がり、低い声を出すときは喉仏が下がります。いつも同じ曲ではなく、色々な曲を選んで歌えば、楽しみながら喉仏を動かす筋肉を鍛えることができ、一石二鳥です。

弁護士になって
楽しみながら脳を鍛える

ここで、楽しみながら、前頭葉を若返らせるトレーニングをご紹介しましょう。

もちろんひとりで、家でできます。

私が前々からおすすめしているのが「弁護士になってみる」ということです。もちろん、今から弁護士を目指して司法試験の勉強をしろということではありません。どういうことかというと、テレビや新聞、あるいは世の中で見聞きしたネタに、自分が弁護士になったつもりで、対応してみましょうということです。

それも、世の中で悪者扱いされている人の弁護を試みるのです。

「この人、こんなに非難されてるけれども、それで助かってる人はいないのかな」「この事件は、この人が犯人だと報道されているけれども、本当にそうなのかな」と、世の中の評価とは反対のことを自分なりに考えてみるのです。

身近なところで「隣のおばさんは、お嫁さんの悪口ばかりいうけれど、お嫁さんは本当にそういう人なのかな」というようなことなど、どうでしょうか。

情報というものは、それを発信する側のフィルターがかかっているものです。ある一つの事象でも、どこから眺めるかによって、意見はまったく違ってくるのが本当です。それに気づかず、無意識に誰かのフィルターに染まったまま歳をとると、一つの見方ばかりに固執してしまうことになります。これが、異論、反論を受けつけない偏屈老人が出来上がる発端ということです。

自分が接した情報に穴はないか、反対側の視点ではどうなるのか、ということを考えてみましょう。「弁護士になってみる」とは、そういうことなのです。自分の意見を意識的に考えることは、ニュートラル（中立的）な思考態度を持つうえで、非常に役立ちます。

60代は、まだまだ脳が若いです。今のうちから、異論、異説に柔軟に対応できるように、頭を訓練しましょう。

ここで注意すべきなのは、本当に自分の頭を使うということです。

つまり、本当に自分の頭で考えたのか、それとも考えた気になっているだけなのかということです。

批評精神を持たず、誰かの意見に同調しているのは、ただ考えた気になっているだけです。

考えたうえで、世論や誰かの意見と同じ結論に達することも、もちろんあると思います。しかし、その過程に「反対側から見るとどうなのか」「この情報にはどんなフィルターがかけられているのか」という検証作業が入らなくては本物とはいえません。

検証作業を飛ばしてしまうと、自分で考えたことにはなりません。前頭葉を若返らせるためには、前頭葉を使うことが一番なのですが、使った気になっていて、実際には使えていないことが多いのです。

これでは意味がない。だから、頭を使うトレーニングとして、弁護士になってみて、さまざまな意見を考えろというのです。

また、弁護士になってみるというひとり遊びは、他者の立場に立って物事を考えるためのトレーニングにもなります。

自分の考えに沿った意見を読んだり、聞いたりしているときには、前頭葉はあまり刺激されません。理解力も大して必要でないうえに、話に驚きもないからです。

だからあえて、自分とは異なる思考だと思っている人の書いた本などを読んでみるといいのです。

自分の想定していない意見に接すると、確実に前頭葉が刺激されるし、さらなる反論を考えることも、思考のトレーニングになります。

つねになりきり弁護士で、前頭葉を活発に動かしましょう。

孤独を感じる暇もなくなります。

「はじめてのラーメン」を食べて脳の老化予防をする

ひとり外食の冒険

自由にひとりで行動すると、思っている以上にストレスから解放されます。60代に入ったら、ガマンや嫌なことは一切しない。そして、ひとりでの新しい体験を増やすのです。これが、前頭葉の働きを高め、若さを保つ秘策となります。豊かな老後を過ごしたいなら意識的にひとりで行動するようにしましょう。

といっても、大上段に構えることはありません。少しだけいつもと違う行動をするだけで十分です。ポイントは「ひとりで新しいことを」という点にあります。手始めに気軽にトライできる「食」で実験してみるのはいかがでしょうか。

たとえば、ランチを家で食べるのをやめ、外食すると決めます。**ラーメン（ピザでもチャーハンでも何でもかまいません）好きなら、行ったことのない店に行って、食べ比べてみるのです。**行きつけの店なら絶対に美味しいと分かっていますが、あえて、入ったことのない店を選びます。これで、行列のできている店を見つけたら、並んでみてもいいでしょう。並んででも食べたいと思わせる「何か」を突き止めるために、並んでみるのです。ちょっとした冒険精神が前頭葉を活性化してくれます。

美味しいラーメンに出合えたら大当たり、まずかったら失敗と思うかもしれません。この行動はチャレンジすることと、失敗したら次のトライをしようということに大きな価値があるのです。

失敗を含め、新しい体験を楽しむことで前頭葉の働きが高まります。

特に美味しい料理を食べることは、脳への強い刺激になります。「ミシュランの三ツ星店を予約するぞ」「あの有名店の寿司を食べに行こう」とプランを立てれば気分も高まり、脳の老化予防になるものです。食事に贅沢するなんてもったいないなどと思わず、お金は自分を喜ばせるために使ったほうが断然有意義です。

ひとり散歩で旅する

高齢者にとって一番いい運動は「ウォーキング」です。

ウォーキングのように全身を使う有酸素運動は、心肺機能を改善させ、骨を丈夫にしてくれます。足腰を使うため、筋肉や関節の能力が高まり、思わぬケガや転倒の防止にも役立ちます。おまけに、歩くことで脳内の血流が促進されて、認知症予防にも一役買うのです。まさに、私たち世代にうってつけの運動といえます。

ウォーキングといっても、私は日々の散歩で十分だと考えています。

散歩を習慣づけると足腰の筋力もつき、心肺機能も上がるため、着実に体力をつけることができます。どんどん出かけて下さい。

住宅街、公園、アーケード商店街、オフィス街など、できれば毎日ルートを変えることをおすすめします。散歩は、ルートによって交通量も異なり、安全に歩くための注意の仕方も変わります。見える風景も当然変わってくるはずです。古い門構えの家にハッとしたり、下町商店街の懐かしさにひたったり、公園の緑に癒されたり。そんな変化が多ければ多いほど、脳への刺激になるのです。

散歩は、小さな旅です。季節の移り変わりを体感し、路傍に自生する名もなき可憐な花を見つけて、スマホで写真を撮る。そんな発見が心を癒し、幸福感を与えてくれるのです。ときには、成り行き任せで電車に乗り、初めての駅に降り立ってみるのも新鮮で楽しい遊びとなります。

散歩の目安は毎日40~50分くらいが適当だと思います。

ひとりスーパーの発見

日常の買い物も近くの決まったスーパーばかりでは能がありません。**たまには、違う店に行ってみましょう。**ときには、一駅電車に乗って遠出するのもありです。

いつもと違う店に行くと、商品の陳列方法が異なるので、どこにどんな商品があるのか迷います。それも立派な脳への刺激です。「野菜はこっちの店が安くて新鮮だ」「ここはお刺身の活きがいい」などの発見もあって、生活に楽しみが増えます。

腹が立つことは、脳にもいい

ときには、読書や思考を楽しむ日があってもいいのではないでしょうか。そのときも、いつもの自分の好みや思考とは別のものにトライしてみるのです。自分とは異なる考えかたやものの見方に触れることも、前頭葉の働きを活性化します。

保守系の雑誌ばかり読んでいる人は、リベラル系の雑誌を読み、リベラル系の読み物を読んでいる人は、保守系の本を読んでみるのです。頭に血が上るかもしれません。それでも、異なる意見に触れることは間違いなく前頭葉の刺激になります。

歳をとるとものの見方が狭くなりがちです。「こんな考えかたもあるんだな」と視野を広げる手助けになります。頑固になりつつある頭をほぐすという作業ですね。

腹が立って、反論を考えるのも前頭葉を使うことになります。

普段読まないジャンルの小説を試してみるのもいいでしょう。ラブストーリー系一筋なら、任侠ものを読んでみるのはどうでしょう。大いに刺激を受けると思います。

笑いで免疫力を高める

笑いが免疫力を高めることは、あらゆる研究で証明されています。笑うとガンを攻撃するNK細胞が活性化することから**「ガン予防に1日1回は笑いましょう」**とまでいわれています。

最近笑ってないなと思ったら、演芸場に出かけましょう。大阪の「なんばグランド花月」、東京の「末廣亭」などに行くと、ゲラゲラ笑っているお年寄りで席が埋まっています。テレビに登場するひな壇芸人の日常トークのような下らないエンタメとは質が違います。私は、常々「高齢者を笑わせられなければそれは芸ではない」と思っています。知識や経験が豊富な老人を笑わせてこそ、本物の芸だと思うのです。

落語や漫才のDVDやインターネットの動画配信を観るのもおすすめです。本物の芸を観れば、お腹が痛くなるほど笑えますよ。

ひとり旅で活力アップ

見知らぬ土地を旅することは、前頭葉への刺激が強いものです。名跡巡りもよし、地元のグルメを堪能するもよしです。歩きまわって日光を浴びれば「幸せホルモン」のセロトニンが増え、ワクワク、ドキドキ感もいっそう高まります。

旅先で、キャバクラやストリップに行ってみるのも楽しいと思います。性的な刺激は男性ホルモンの分泌を促し、活力アップにつながります。

これで寂しくない、ひとり暮らしの休日の過ごしかた

それでも、やっぱりひとり暮らしは寂しいんじゃないか、と不安に思う人もい

るでしょう。ひとりを寂しいと感じるのは、自分が誰からも相手にされないとか、誰にも気にかけてもらっていないと思うからです。孤立感を感じてしまうのです。

そういう人は、自分からその場所を出ようとしません。世界で「ここしか居場所がない」と思えば、誰だって寂しいでしょう。たとえば、グループの中で、みんなから無視されたら、どんな人でも孤立感を持ちます。でも実際は、そのグループから抜け出してしまえば、そんな孤立感はすぐになくなってしまうものなのです。

私が、外に出ること、目的がなくていいからとにかく家を出て町を歩いてみることをすすめるのも、高齢に近づいた人に**「居場所なんてどこにでもある」**と気がついてもらいたいからです。孤立感は、気の持ちようでずいぶんと変わってくる感覚です。とにかく居場所は色々な場所にあるんだと分かれば、すっと気が晴れます。

定年を迎えてから、人生を楽しむタイプの人は、現役の頃から職場と家庭以外にも、自分の居場所を持っている場合が多いです。仕事を忘れてひとりで過ごすバーや居酒屋、休日に楽しみにしているひとりドライブやスポーツ観戦。カメラやスケッチブックを片手に出かける日帰り旅行や、郊外の競馬場巡りを楽しんでいる人もいます。

「ここにいるとホッとする」。そんな場所は、どこにでもあるものです。これからの人生、どんなきっかけで見つかるか分かりません。

今の時代、スマホと財布があれば、何でもできます。そして、もうじき、時間を気にしなくてもいい「身分」になれるのです。

ひとり勉強は一生の楽しみ、認知症予防にも効果絶大

私は勉強が好きです。

専門の精神医学はもちろんのこと、経済学や教育、政治や歴史、文化、福祉の世界とあらゆる分野の勉強を今も続けています。具体的には、本を読んだり、第一線で活躍している人たちの話を聞いたりすることが多いです。

実は、私は映画監督もしているのですが、自分ではこちらが本職だと思っているので、映画についての勉強も時間を惜しまずしています。私としては、60代以降にきちんと勉強するかどうかで、その後の一生が決まるとまで考えています。

勉強のいいところは、いつでもどこでもひとりでできることです。誰かに教えてもらうことも含めて、ひとりで考えたり書いたり、自分なりの着想を育てるこ

とができます。

飽きっぽくて一つのことが長続きしない性格の人でも、これからは問題ありません。自分で好きでやっている勉強なのですから、ちょっとやってみて飽きたら別の分野に替えればいいだけです。それも飽きたら、もうやめてしまってもいいのです。時間割などないのですから、気にすることはありません。

勉強をしていると、認知症でもないのに、認知症のようになることを防ぐことができます。浴風会病院時代に、かなりの数の脳の解剖結果を見てきたのですが、生前、完全にボケたようになっていたのに、脳自体には変化はほとんどないケースをかなり見ています。おそらくこれは、脳を使っていないうちに廃用が起こって、認知症に見えるレベルにまで、脳の機能が低下してしまったための現象です。

これは、避けたい事態です。勉強をし続けて脳を使っていれば、機能の低下を防ぐことができます。

認知症になった人も、私はかなりの数を診てきましたが、認知症になっても、脳をきちんと使っていると進行が遅くなるのは明らかでした。認知症の前段階といわれる軽度認知障害も、脳のトレーニングで認知症への進行をかなり抑止できるといわれています。

また、55歳以上の人については、歳をとっても知的機能が高い人は、その後の生存率が高いことも、アムステルダム郊外の地域住民調査で確かめられています。

要するに、勉強はただの趣味に留まらず、長寿法や脳の健康法になるということです。

歴史探訪でも、古文書の研究でも、ＩＴ技術の収得でも、何でもいいのです。まず、始めてみる。そう、完全にひとりの楽しみです。勉強は一生の楽しみにできます。ずっと退屈せずに面白いと思いながら生きていけるのです。

まず図書館か。いや、星のきれいな場所に出かけてみるか。今頃の北海道は面白いだろうな。とあれこれ想像するだけでも、ひとりの勉強は始まったことになります。

勉強を生涯の友にするのは、人生をサバイブするコツです。

ネットでひとり時間を楽しむ

こんな話があります。

新聞を開くと、シニア世代に向けて海外旅行のツアー広告が大きく載っています。1ページ全部を使って、世界のあらゆる国を紹介しています。どんな国でも選べるし、オフシーズンならそれほど費用もかかりません。

ある人が「さて、どこがいいか」とツアー広告を眺めていたらクロアチアという国名が目に留まったそうです。

「どのあたりだっけ」と考えて、本棚から古い世界地図を探し出しました。ヨーロッパの地中海に面した一帯を探してもさっぱり分かりません。実は、この人は、高校時代まで地理や世界史が好きで、世界地図はいつも手元においていたそうです。そのため、定年を迎えた今でも世界地図を捨てずに残していたのです。

新聞の広告には、クロアチアと並んでセルビアやモンテネグロなど、聞いたことはあるけれど、やっぱり場所の分からない国名が並んでいました。もとが地理好きです。世界の国の場所を知りたいという欲求に火がつきました。そこで、インターネットで検索してみたそうです。何時間も何時間も、時が経つのを忘れネットに没頭したそうです。

国名を検索してみると、それぞれの歴史や民族、言語、国名の変遷の経緯など、あらゆる情報が出てきて、俄然、興味が湧き起こってきたと聞きました。

結局、ネットで最新の世界地図と、気になる国を紹介した旅行記や歴史の本を注文したそうです。

お伝えしたいのは、ネットを覚えると、このように世界が広がるということです。

家で過ごす際に、もっとも手軽に楽しめるものといったら、ネットなのではないでしょうか。どんな分野のテーマでも、ダイレクトにアプローチができるし、情報量の多さは圧倒的です。それこそ無限といってもいいでしょう。

ひとりで楽しめることや、夢中になれることは、いつどんなきっかけで現れるか分かりません。そのときのために、今からネットを覚えて準備しておくべきなのです。ネットの時代は、きっかけさえつかめば、どんなことでも、深く調べることができます。

「ネットなんてできない。分からない。いまさら覚えられない」。そんな気持ちはすぐに捨てて下さい。「いまさら」という気持ちは、新しいものを学ぶうえで一番の障害になります。「いまさら本気になっても」、この気持ちがある限り、結局いつまでも覚えられないままになってしまいます。私が「もったいない」と思うのはそういうときです。どうして「いまさら」なのでしょうか。

興味があって知りたいと思う欲求は歳をとっても尽きるものではありません。ワクワクしながら迷路の中に入り込めば、今よりももっと楽しい毎日が過ごせるはずです。

映画やドラマが好きなら、動画配信サービスをおすすめします。ネットやスマホの操作を覚えれば、膨大な量の映画やドラマが一定額で見放題です。それこそ、死ぬまでに見尽くせる量ではありません。時間など、いくらあっても足りないくらいです。何より、レンタルショップに出かける面倒がなくなります。寝たきりになっても問題ないということです。

スマホやパソコンを活用できるようになれば、顔が見えるビデオ通話も楽しめます。これなら、どんなに離れていても、子どもや孫の顔を見ながら話ができます。ビデオ通話は、通常の電話より、満足感があるものです。また、相手の表情を見ながらしゃべることは、脳への刺激にもなります。

ビデオ通話をするときは、服装を整え、ひげも剃り、外見をシャキッとさせるといいと思います。こうした小さな努力が心の活気をもたらし、意欲を高めるのです。

ネットはひとりの時間を充実させてくれます。大げさではなく、これからの人生の助けになるはずです。

第三章

自分のお金は自分で使いきる！

ひとり暮らし、お金はどうする

「年金＋500万円」、これだけあれば生きていける

世間では、老後の心配を煽って、ことさらに貯金をすすめる風潮があります。

しかし、これは間違いです。

実際のところ、老後にはほとんどお金がかかりません。

誤解を恐れずにいえば、現在、そこそこの大企業に勤めていて、定年まで大過なく過ごす自信があれば、老後に備えた貯金は1円たりとも必要ありません。

なぜなら、生活費を賄えるだけの年金がもらえるし、退職金ももらえます。企業年金にまで入っている場合は、生活費を賄ってもお釣りがくるくらいです。さらにいえば、介護保険を使えば、寝たきりになったときに入る有料老人ホームの入居費用もひとり当たり500万円程で済んでしまいます。今は、これさえ取ら

ないホームも増えているくらいです。

ここで、老人ホームに入る場合にかかるお金の話を少し説明します。

有料老人ホームに入居する場合、介護保険が使える要介護認定の下りた人であっても、月々のホームの家賃や食費は全額自己負担になります。額は、夫婦で入居したとしても、一般的なホームの場合、月に20～25万円というところなので、年金で賄える額です。

「立ち上がりや歩行などが自力では困難で、支えが必要。排泄や入浴、衣服の着脱などに全面的な介助が必要。いくつかの問題行動や理解の低下が見られることがある」という要介護3の人の場合、介護保険の利用限度額は月27万円前後なので、自己負担は約3～9万円でかなりのレベルの介護が受けられることになっています。

では、なぜ入居費用が500万円で収まるのかというと、有料老人ホームの価格破壊です。ホーム側からすると入居者からの家賃や食費に加え、介護保険からも安定した収入が得られることになります。そこで、最初の入居時の費用を抑えめに設定したというわけです。老人ホームも過当競争に勝たなければならない時代なのです。

ただし、これは「特定施設入居者生活介護」の指定を受けた「介護付有料老人ホーム」の場合の話です。そのほかの施設は「住宅型有料老人ホーム」、「グループホーム」があります。

住宅型有料老人ホームは、介護サービスを使っただけ自己負担額が増えるシステムなので、介護がほとんど必要ない高齢者は安く済みます。対して、寝たきりなどで多くの介護が必要になってくると、費用もかかってくることになります。それでも、介護保険の範囲内のサービスなら、要介護5になって限度額いっぱいまで使っても、自己負担額はもっとも低い場合3万6000円程度です。

公的機関が運営する特別養護老人ホーム（特養）は、待機者が全国で27・5万人といわれているので、かなりの入居待ちを覚悟しないといけません。それを考えると、民間の老人ホームを視野に入れておいたほうがいいでしょう。立地やサービスがそれなりにいい老人ホームでも入居費用が500万円前後で済むところはたくさんあります。

さらに高齢になり、ひとり暮らしが難しくなってきたとしても、このくらいなら、生活費を差し引いた年金の余りと退職金ですべて賄えるはずです。そんなわけで「老後に備えた貯金は1円たりとも必要ない」のです。

「大企業には勤めてないし」。こう不安に思った人も、安心して下さい。

結局のところ、寝たきりになったときに必要なお金は、やはり500万円です。ヨボヨボになるまでひとり暮らしを続けたとします。いよいよ立ちいかなくなった。そうなったときには、旅行に行くわけでもないし、習い事をするわけでもありません。普段の生活ができればいいのです。厚生年金がもらえる予定なら、老後の資金としての貯金は500万円あれば大丈夫です。心配は、杞憂に過ぎません。

将来的に年金の受給額が減るという噂もありますが、年金が国の制度である以上、あなたが受ける頃であれば（つまりこれから20~30年は）、食べるのに困るほど減らされることはないはずです。私には、世間の人々が、不安、不安という言葉に惑わされて、必要もないのに貯金に励んでいるように思えてなりません。

生活保護は元をとるだけのこと、活用すればいい

それでも、万が一、生活が成り立たなくなったときには、生活保護を活用すればいいのです。「生活保護を受けるなんて恥ずかしい」などと思う必要はまったた

くありません。私たちは、これまで相当な額の税金を払ってきました。ただ、その元をとるだけです。開き直ってセーフティネットを活用しましょう。

これは知らない人も多いのですが、**年金の額が厚生労働省の定める最低生活費に満たなければ、その差額がもらえます。**年金暮らしで貯金がゼロという人は、積極的に申請するべきです。また、車や持ち家も、それが「どうしても生活に必要」とみなされれば、生活保護受給者も特例で所有できるようになっています。覚えておいて損はありません。

生活保護を活用すれば、医療費もタダになります。入院費用も基本的にタダです。もちろん、個室入院などはできませんが、タダはかなり大きなメリットでしょう。

世界的に見ても、日本は福祉が充実しています。遠慮深い日本人は、国のお荷物になってはいけない、などと遠慮して、当然の権利を手放しているのです。こんなにもったいなく、為政者にとって都合のいいことはありません。

繰り返しになりますが、老後に必要なお金は、年金の不足分の生活費と、500万円です。そのほかに、趣味に使うお金を確保できたら、充実した余生が送れます。

寝たきりになるまでには、まだまだ時間があります。やりたいことをガマンしなくてもいいように、自分の趣味に見合った金額を、各自で判断して貯金しておきましょう。

節約すればヨボヨボになる、自分でお金は使いきる

60歳は分岐点です。

美容や審美歯科、ホルモン補充療法、サプリメントと、これからも若さを保と

うと思ったらお金がかかります。

服を新調したり、美味しいものを食べに行ったり、旅行や趣味にいそしむのにもお金がかかる。脳の老化予防のために勉強するのにも、恋愛や遊びをするのにもお金は必要になってきます。かけられるお金があるなら、今こそかけるべきです。

ヨボヨボになってから高額なサプリメントや健康食品を買い込む高齢者はたくさんいますが、はっきりいってちょっと遅い気がします。70代になってから慌てても、効果はそれほど期待できません。

それよりは60代、いやもっと若い頃から小出しにメンテナンスを行っておくほうが、若さを長く保てるし、病気や老化も防げます。

老化を遠ざける生活を今から送っていれば、いきなり体や脳にガタがくることもありません。結果的に老人になってからもお金がかからないのです。

ガマンは老化を早めます。老後に備えてお金をとっておこうと、ガマン生活、節制生活を送っている人は、気をつけたほうがいいです。ガマンの積み重ねで、ストレスがたまり、いざ老後がきてみたら、不健康で気力が湧かず、見た目もヨボヨボ、何もやる気が出ないということになってしまう可能性があります。

「老後のために」と考えたはずが、それによって肝心の老後が灰色になってしまっては、意味がありません。最後の最後まで充実した人生を送るためには、ここがお金のかけどころなのです。

結婚生活はホントに得なのか？ どうせ死ぬんだから自由に生きる

長年連れ添った夫婦の間で、ミスマッチが起こることは少なくありません。
たとえば、時間的に余裕が出てきたあなたは、ひとりで色々なところに旅行に行きたい。食事も、これまでガマンしてきたこってりしたラーメンや味の濃い炒め物などが食べたい。どうせ死ぬんだから、これからは自由に生きていきたい。そう考えていたとします。対して、妻のほうは、これからは2人でいつも一緒に過ごしたい。一日中家でおしゃべりをしたい。少しでも長生きしてもらいたいから、さらにヘルシーな料理をつくりたい。そう考えていたとします。60歳を過ぎたあたりから、こういった目指す人生の違いは顕著になってくるものです。しかも、お互いに譲りたくないのです。

こうなってくると「一緒にいるとイライラする」となってきます。世間では夫源病などといって、夫の言動が原因で、妻がストレスを感じ、心身に不調をきたすという問題が取り沙汰されています。なぜ、夫が源の場合の話ばかりなのでしょうか。逆の場合も当然あります。責任を押し付け、支配してくる妻にストレスを感じている夫も世の中には大勢いるのです。これからはガマンせず、2人でよく話し合って関係の改善を図りましょう。

離婚するほどではないけれども、一緒にいるとお互いにイライラが募る。そういった場合は、物理的に離れることです。可能であれば、家の中でひとりに一つ自室を持ちましょう。あらかじめ「自室で何をしようとお互いに干渉しない」、そう決めておきます。

妻の目を気にすることなくポルノサイトや雑誌を見ることもできます。好きな趣味に没頭するのもいいでしょう。居室を離して夫婦の距離をとることでストレスが減り、前頭葉の働きもよくなります。前頭葉は脳において感情をコントロールする部位なので、活発にさせておいたほうがいいのです。感情が希薄になってくると途端に老け込みます。

これまでは、家庭を持って子どもを育て、家族で暮らすというのが、平凡だけど幸せな人生と信じられてきました。でも、そういった考えはもう古いようです。

今、日本の男性の生涯未婚率は28パーセント、女性は18パーセント（2020年統計）ですから、男性の4人にひとり以上は、一度も結婚しないということになります。私は、生涯未婚率が上昇した理由の一つに、あえて結婚を望まない男女が増えているというのもあると思っています。つまり、ひとりで暮らして、ひとりの時間を楽しみ、ひとりで死んでいくという人生も幸福なのだと考える人が増えているからだと思うのです。

「ひとりは寂しすぎる」「不幸な人生だ」と思う人は、結婚を続け、家族と暮らして死んでいくことが幸せなのですから、そのようにしたほうがいいでしょう。

でも、もし、ひとりで暮らすことを寂しいとは思わない。もっといえば、本当は、ひとりでいることに孤独感さえ持たない。**そう感じるのなら、周囲がどう思おうと本人が幸せだと感じるのなら、それが幸せなのだということを思い出して下さい。**幸せは主観的なものなのです。

若さを保って豊かな晩年を過ごすコツ

ひとりになることへの恐れは誰にでもあると思いますが、同時に私たちには「好きなように生きたい」とか「煩わしい人間関係から自由になりたい」「ありのままの自分でいたい」という願望もあります。

長年連れ添った妻や家族に対しても、そう思うときはあるものです。自分以外の誰かに気をつかったり、つかわれたりするという息苦しさから逃げ出したいという気持ちです。それは「ひとりになりたい」という思いへとつながります。

身近な関係であればあるほど、できるだけぶつからないように気をつかいます。長いつき合いの夫婦であれば、お互いに相手の考えていることも分かるようになっています。すると、どうしても遠慮が入り込みますよね。当たり前につき合っているようでも、その実、つねに相手の機嫌を損ねないように言葉や行動に注意していることが多いのです。それを無意識のうちに常時やっていると、どうしても疲れてしまうのです。

たとえば、ひとりになったとき「どうすればいいんだ」と困惑するような人は、自由なひとり暮らしになっても時間を持て余すだけになるので、向いていないと考えられます。「ひとりになった。清々する」と感じるどころか、孤独感から苛立ちに包まれてしまうかもしれません。途方に暮れて、ただ流されるように一日が終わってしまうかもしれません。それは、避けたいところです。

「誰にも邪魔されず、好きな本を好きなだけ読める時間があったらそれだけで幸せだ」

「訪ねたい美術館がたくさんある。ひとりになれたら1日1館、気が済むまで美術館巡りを楽しみたい」

「音楽が好きで色んなCDやレコードを揃えているけれども、ゆっくり聴いている時間がない。ひとりになれたらそれができるんだなあ」

そういう人たちでしたら、ひとりに「なれる」というのは幸せな体験でしょう。きっと、孤独という意識すら持たないことと思います。

これからの人生、他人の束縛から解放されて自由に暮らすと考えたとき「さぁ、何をやろうかな」とワクワクしてきたのなら、本物です。

毎日、浮き立つような気持ちで暮らせば、幸せホルモンといわれるセロトニンの分泌量も増え、前頭葉も活発に動きます。老化防止や老人性うつ病の予防にもなるのです。

ガマンは美徳という考えは捨てましょう。**これからは、新しい体験を意識して増やし、ガマンや嫌なことは一切しない。これが、若さを保って豊かな晩年を過ごすコツです。**

お金を残さないでお金を使い切る方法

歳をとれば、お金は使えば使っただけ幸せになります。

お店に行けば「お客さま」と呼ばれ大切にされます。お気に入りの服、オシャレな鞄と靴で出かければ、それだけで気分も高揚するというものです。美味しいものを食べれば心も体も満たされるし、映画を観れば感動します。そういった「快」にあふれた生活をするためには、お金が非常に重要になってきます。

お金は自分の幸せのために使うものです。財産というかたちで何かしらを遺そうとすると、トラブルが生まれます。これからは、今、生きているうちに、家族と楽しい思い出をつくったり、自分自身の心が豊かになることにお金を使うのです。

これからの人生をご機嫌に過ごすために必要なポイントは、「自分を愛する気持ちを持つこと」です。自分を愛する気持ちは、このままの自分で大丈夫という自己肯定感を高め、将来への過剰な心配や不安を消していきます。

具体的な暮らしかたとしておすすめしたいのは「1週間に3回、自分へのご褒美を準備すること」です。ご褒美は「実現できるもの」「気分が高揚するもの」を選んで下さい。

たとえば、ちょっといいレストランを予約する、映画や舞台を観に行く、スパイスからカレーをつくってみる、ケーキを買う、ドライブする、読書の時間を持つ、趣味の鉄道の写真を撮りに行く。競馬や競輪などのギャンブルでもいいと思います。野球やサッカーの観戦、美術鑑賞、花を買う、洋服を買いに行くなどもあります。

何でもいいのです。大事なのは「明日はご褒美が待っている」と気分を高揚させることにあります。自分を愛し、満ち足りた生活をすることこそが、老いに対する心配や不安を消す武器になるのです。ひとりの人間として、自由を謳歌して生きることは、幸せホルモンであるセロトニンを増やし、意欲を高めます。

あなたのお金は自分のものです。老後の資金や子どものことばかり考えて、ちまちまとした生活をするのはやめましょう。あなたには、それだけのお金があるのですから。

子どもにお金は遺さない

健康で長生きしたいと思ったら、現代社会では人間関係のストレスを減らすことは欠かせない要素です。ストレスをため込むと、老化が早く進みます。

ここで、普段見逃しがちな「親子の関係」について考えてみましょう。

普通、人間関係というと社会的なつながりを重視することが多いと思いますが、親子関係も立派な人間関係です。しかも、これがストレスの素になっているケースが多い。

60歳ともなれば、子どもはすでに独り立ちしていることと思います。子どもが独り立ちするまでの面倒を看るのは親の責任でしょう。しかし、それ以後の関係は、また新たな関係として捉え直すことを私はおすすめしています。

独り立ちとは、巣立ちのことです。動物の世界では、巣立ちをした子どもと親は行動をともにしません。人間の世界でも、親の責任をまっとうしたら、子どもとはくっついていないほうがいいのです。まずは、親が子どもへの依存心をきっぱり捨てることです。子どもには子どもの人生があることを理解して下さい。

「これまで面倒を看てやったんだから、今度は面倒を看ろ」と考えたくなる気持ちも分かりますが、こうした期待は必ず裏切られるので、するだけストレスの素です。また、学校を卒業して社会人として生きている子どものことを、必要以上に心配することもやめるべきです。子どもが相談してきたら、きちんと答える。その程度の距離感が適切です。

首を突っ込んでも、解決につながることはまずないし、かえって子どもの立場を悪くします。すでに自立した人間なのだから、もう放っておけばいいのです。

金銭面でも「子どものために少しでも財産を遺したい」と考える人は多いようですが、先のことを考えてみて下さい。

仮に90歳で自分が死ぬとすると、25歳でもうけた子どもは、すでに65歳になっています。これは一般的に定年退職を迎える年代です。子どものほうの人生も終盤で、自分のお金を自由に使えるようになっているはずです。

そんな年齢になってまで、親の金をあてにする人間でいるほうがまずいでしょう。子どもの金銭面の面倒を看っぱなしで、お金を遺すことばかり考えていたら、子どもは「60代のニート」になりかねません。子どもの依存心をはねのけるためにも、日頃から「財産は遺さない」と明言しておくことも必要なのです。

先述したように下手に財産があると、子どもはそれを「自分が手にするお金」と勘違いするのです。

こうなると、親の行動にいちいち制限をかけるようなことをいってきます。高級老人ホームに入ろうとしたら「貯金がなくなったらお父さんの老後が心配」と、ランクの低いホームをすすめてくるかもしれません。

素敵な女性との再婚を「財産目当てに違いない」と猛反対してくることもあるでしょう。財産というかたちで子どもにお金を遺そうとすると、高い確率でトラブルが生まれます。私はそれに苦労している高齢者を嫌というほど見てきました。

親と子の関係は、他人ではないぶん、甘えが入ります。それがストレスの素なのです。

子どもが成人したら、もう親の人生とは違う道を歩み出したのだと割り切って、距離を置くことが、子どもにとっても自分の道を歩ませることになるのです。

第四章

恋に歳は関係ない！

恋愛で若がえる

恋愛は、
脳、心、体、すべての特効薬

60歳より少し前から、私たちのホルモンバランスは変わってきます。

男性は男性ホルモンが減り、女性は女性ホルモンが減ってきます。それによって、人間は、中性化し始め、生殖期から老年期に入るのです。

この時期から同時に、脳の前頭葉という部分の老化が始まり、セロトニンという伝達物質も減ってきます。つまり、体も脳も大変換期を迎えるというわけです。

この時期に何も「思う」ことがないと、老いは容赦なく訪れ、男を捨てることになります。私たちは、これから先の人生を決める分岐点に立っているのです。

ホルモンバランスが乱れるとさまざまな症状が出てくる人がいます。

疲労感、倦怠感、うつ状態、のぼせ、冷え、多汗、動悸などはこの時期よく耳にする不調です。頻尿や残尿感などの排尿状態に影響を及ぼしたり、肩こりや関節痛をもたらすこともあります。さらに、血中コレステロール値が上がったり、血圧が乱高下したりする場合もあるでしょう。これらの症状の原因は急激な性ホルモンの分泌の減少にあります。自律神経の乱れが、全身に影響してくるのです。こういった症状が、あまりにもひどい場合は、ホルモン補充療法が選択されます。しかし、ホルモン補充療法は今の日本ではあまり普及していないのが現実です。

放っておいては、性ホルモンの低下は進み、生活の質が下がってしまいます。では、どうしたらいいのでしょうか。実は、何のリスクもなく、手軽で、誰にでもできる性ホルモン活性法があるのです。それは、恋をすることです。

恋愛が性ホルモンを活性化させることは、よく知られています。体というのは、不思議なもので、気分が華やいだり、ときめいたりするだけでも、ホルモンバランスは復活するのです。心の状態が体に及ぼす影響というのは、思っているよりも大きいものです。若さを保つためにも、恋愛は大切なことなのです。

人の老化は、知力や体力よりも、まず「感情」から始まります。感情を司る前頭葉は、40~50代で縮み始めるので、真っ先に食い止める必要があるのです。誰かを好きになることは、前頭葉を大いに刺激することになります。芸能人が好きだとか、推しがいるだとか、そういったことでも効果はあると思います。

恋愛時には、エンドルフィン、ドーパミン、セロトニン、オキシトシンといった脳内ホルモンが大量に分泌されます。これらのホルモンは、幸福感、快感、愛情、安らぎといった感情を呼び起こします。もういい年齢だからと、恋愛感情を抑制するのはナンセンスです。恋愛こそ、若さを保つ特効薬となるのですから。

「人と話すこと」で老化は防げる

老化と聞いて、真っ先に思い浮かぶのは足腰の衰えでしょう。しかし、意外なことに、現代の高齢者の肉体的機能は、若い頃と比べてほとんど遜色はありません。通常の速度で歩いたり、最大酸素摂取量を維持したりという基本的な力に関しては、若い頃とほとんど変わらないことが分かっています。

東京都が発表した「高齢者の生活実態」（令和2年度）では、歩行について「ひとりで全部できる」と回答した人は65歳～69歳で男女ともに96・5パーセント。75歳～79歳と年齢が上がっても、男性では91・7パーセントと非常に高い数値となっています。

自転車をこいで坂道を上ると、次第に息が上がって苦しくなってきます。最後には「もうこれ以上は無理！」という限界に達するのですが、このときに1分間にどれくらいの酸素を取り込むことができるか、という数値を最大酸素摂取量といいます。この数値も、若い頃とそれほど変わりません。

これらのことから、普通に歩いたり、階段を上ったり、自転車をこいだりといった基本的な体力に関しては、高齢になってもそれほど落ちないということが分かってきます。

それに対して、前頭葉の萎縮は40～50代から始まっているので「感情」は若いうちから目に見えないところで老い始めているのが分かります。つまり、感情が老化するから老け込んでいくのです。感情の老化を防げば、かなり長い間若々しさを維持できることは明らかといっていいでしょう。この一点からだけでも、恋愛の有効性はご理解いただけると思います。

生命力の源になるのは「欲望」です。欲望は生きている証です。恋をすると、その人と一緒にいたい、話したい、触れ合いたいと欲望が生まれます。欲望は前頭葉を刺激し、心の若さを保つうえで、絶大な威力を発揮するのです。

認知症予防のために脳トレに励む人がいますが、効果は限定的です。脳は、つまらないことをしてもたいして活性化しないからです。**脳は、楽しいこと、今まで考えたこともないことを思考し「それを人に話すこと」で活性化します。つまり「会話」が脳にいいのです。**

私は、認知症予防にも、老人性うつ病にも、会話がとても重要だと考えています。

会話は、相手のいったことを理解し、瞬時に何かしらの反応を返すという、非常に高度で知的な作業なので、頭が強制的に回転させられるのです。

誰かを好きになり、その人との会話を楽しむことは、何よりも脳の刺激になります。認知症予防の観点からも、恋愛は効果的だといえるのです。

ひとり暮らしは自由、自分の人生を生きる

60歳を過ぎたあたりから、熟年離婚や卒婚の話を聞くことも多くなります。これは、よく考えてみると、起こるべくして起こる現象なのです。

まず、理解する必要があるのは、男女の体の仕組みです。男性は加齢とともに男性ホルモンの分泌が減り、活動意欲が停滞します。一方、女性は、閉経後から男性ホルモンの分泌が増えるので、これまでよりも活動意欲も社会性も高まってきます。このホルモン分泌の差異が、高齢に差しかかった男女がすれ違う要因の一つです。

夫婦ともなると「残りの人生、この合わない人と生きていくのか」とうんざりしてしまうのも仕方ないことだといえます。家という場所が、ストレスの原因に

なったときの精神的負担は計りしれません。ガマンしながら毎日を過ごすのは、人生のムダ遣いです。

これからは、ガマンは禁物です。夫婦の関係も見直す時期になったと考えて下さい。別居や離婚は、何も憎しみ合っているからするとは限りません。

そもそも、一夫一婦制は、人間の自然な本能に沿った制度ではなく、人類が社会化するにつれて、さまざまなルールとともに生まれた制度です。それも、人生50年の時代であれば、問題は起こりませんでした。しかし、寿命が大幅に延びたうえに、価値観が多様化した現在、人生100年を添い遂げるのは、かなり無理があるといっていいのです。それならば、子育てが終わってからの夫婦関係は、もっと自由でいいのではないでしょうか。

60歳からのひとり暮らしは、お互いに精神的に自立し、第二の人生を歩んでいくチャンスです。どちらかが介護の必要な体になってからでは、リセットは難しくなります。

もし、離婚の道を選ぶにしても、憎しみ合って別れるのでないならば、ときどき会って食事をするといった、よき友人のような関係を築き直すこともできます。

それぞれ好きなものを食べ、好きなところへ出かけ、好きな仲間と交際し、ときには一緒に外食を楽しむ。そんな夫婦の関係があってもいいのです。お互いに相手を束縛することなく自由に生きていくことが、心の健康にとってもとても大切なのです。

恋愛やセックスで
体も頭もシャッキリする！

恋愛やセックスを「いまさら面倒だ」と感じているならば、それは、もったいないことです。**恋をするだけで性ホルモンの分泌は増えます。**活用しない手はありません。

老人ホームに入っているすっかり枯れてしまっているようなおじいちゃんでも、意中の人ができると、体も頭もシャッキリするというのはよくいわれる話です。

性ホルモンの低下を防ぐために重要なことは「脳を使う」ことです。従来の理論では、男性ホルモンは精巣で、女性ホルモンは卵巣で合成され、血液によって脳に運ばれると考えられてきました。それが、最近の研究で脳内の「海馬」で、独自に合成されていることが分かってきたのです。しかも、海馬が独自につくり出す性ホルモンは、血液によって運ばれてくる性ホルモンより10倍程度も高濃度といわれています。

海馬は「記憶」を司る器官で、わりと簡単に活性化します。なんと失恋でも活性化されるのです。これは、失恋が極めて刺激的な経験だからです。海馬に性ホルモンをつくってもらうためには、刺激のある環境にいることが非常に大切なこととなってきます。

恋愛やセックスがなぜ、ホルモン分泌に影響するのかというと、感情とホルモンは強く結びついているからです。満足感を得たときはセロトニンが出るし「よし、がんばるぞ！」と意欲が湧いているときは、ドーパミンが出ます。快感を得られればエストロゲンという性ホルモンが出るし「あの人をデートに誘うぞ」と意欲的なときは、男性ホルモンのテストステロンが出るのです。ですから、恋愛やセックスを「いまさら」などといって避けることは、それこそナンセンスといえます。

脳が衰えて意欲を失う前に、新しいことを体験し、新しい気持ちを大切にするのです。つねに前頭葉や海馬に刺激を与え続ける。そうしていれば、人は老け込みません。若い頃は、美男、美女の陰に隠れていまいちパッとしなかった人でも、ひとり若々しさを保っていれば、おのずとモテてしまいます。

60歳からのひとり暮らしは、人生のターニングポイントです。残りの人生の長さを考えればここで「デビュー」したほうが、若い頃よりむしろお得となるのです。

ひとり暮らしで ヨボヨボ老人にならないために大事なこと

これから本格的に前頭葉の萎縮が始まります。放っておくと、目に見えて意欲が低下していくことと思います。「何もする気になれない」「何をしても楽しくない」「人に会うのが億劫」「集中力がなくなった」と、腰が重くなってきます。「かったるいなあ」と出不精になると、筋力も衰え、老け込んだヨボヨボ老人になってしまいます。

前頭葉の機能が低下して、意欲や自発性が衰えてくると、それが表情や姿勢にも現われてきます。身なりにも気をつかわなくなるし、体型維持や美容などにも興味が湧かなくなり、結果、年齢以上に老け込んで見えてしまうのです。

繰り返しになりますが、ヨボヨボ老人にならないために、まず、重要なことは、前頭葉に刺激を与え続けることです。

前頭葉は「想定外のこと」や「新たな刺激」に対処するとき、何かを創造するときにもっとも活性化します。未知の体験やワクワク、ドキドキする体験は、前頭葉を刺激し、働きを高めてくれます。このことを意識するように生活して下さい。それだけのことで、老化を食い止めることができるのです。

嫌なこと、やりたくないことをガマンすることで、ストレスが増し、老化を早めます。これからは、しがらみから解放されて生きていきましょう。**嫌だと思う人間関係はガマンせず、全部やめていいのです。**あなたの人生は自分自身のものです。

趣味が共通で、話をしていて楽しい人、長電話でああでもないこうでもないと延々とおしゃべりができる人、悩みがあるときに何でも相談できる人など、心がホッとする人とだけ関係を築いていけばいいのです。そういった関係はメンタルヘルスに寄与しますし、前頭葉を活性化させて、生きる意欲を高めます。

「情けは人のためならず」という言葉がありますが、こちらが好意を持って優しくしていれば、それなりに気持ちは返ってくるものです。心が豊かになる関係を大切にすることで、人は、充実した晩年を送ることができるのです。

ひとり暮らしのセックスは脳を活性化させる

歳をとったからといって性的な欲望を持つことは、決して悪いことではないし、後ろめたく思う必要もありません。

性欲は、人間にとって非常に重要な本能の一つです。知性の高低、性格の良し悪し、地位などに関係なく、等しく備わっているものです。

一般的に性欲は、老化に伴って減退すると思われています。しかし、実際のところは、性欲が減退しているというよりも「行動意欲が落ちている」というのが正解です。人間の性的欲望は、年齢を重ねても、そう簡単に失われるものではありません。

性欲は生命力の源になる「欲望」の一つです。自ら蓋をしてはいけません。

性欲を「下品」「不道徳」などとする空気が日本にはいまだにありますが、それは大きな間違いです。そもそも昔の日本は今よりも、ずっと性に対して鷹揚な文化であったことはご存知でしょうか。

農村では、夜這いや祭りに乗じてのフリーセックスが各地で行われていたし、江戸文化研究者の田中優子さん（法政大学第19代総長）によれば、その際、女性から誘うこともままあったということです。それが悪いことになったのは、明治時代に欧米からキリスト教のものの見方が入ってきてからなのです。

キリスト教では「セックスは子どもをつくるためにあり、快楽のために行うべきではない」という聖書の教えがあります。そのため、性行為は夫婦間のみに限る、夜這いなどとんでもない、もちろん男色や衆道などあってはならないこととされています。この価値観が、現在も日本の主流を占めているというわけです。つまり、今の私たちの性欲に関しての常識は、人間の欲望に沿った常識ではないということです。

性的刺激はもっとも単純で分かりやすい脳への刺激です。古い風潮にならい、生きる力を自ら抑え込んでいるのだとしたら、こんなもったいないことはありません。

前頭葉の若返りのためにも、むしろ意識的に性的関心を持ちましょう。夫婦間のセックスに刺激がなくなっているのならば、ときには風俗店で遊ぶのも悪くありません。

「どうだ、まだまだ若いんだぞ!」と自慢するくらいの気持ちで、自分の性欲を肯定できる人ほど、見た目も心も、前頭葉も若々しく保てるのです。

週2回のセックスで元気になる、頭が冴える

勇気を出してセックスに誘って、ようやく口説き落としてベッドイン。幸せな時間が待っているはずだったのに、肝心の自分のモノが萎れたまま。なだめてもすかしても元気になってくれない。こんな残念な結果に終わることもままあることです。

医学的には、性交チャンスの75パーセント、セックスを試みて4回中3回、自

分のモノが役立たないとなると、ＥＤ（勃起不全）と診断されます。この場合、性器の老化現象だということは間違いないのですが、性欲が衰えていないのであれば男性ホルモンが減っているわけではないので、心配しないで下さい。セックスの際には、バイアグラなどのＥＤ治療薬を使用すれば済む話です。

バイアグラは、性欲を高める薬ではなく、勃起を促進させる薬です。性欲がない状態では効き目が得られないし、服用することで性的な気分が高揚するわけでもありません。性欲が枯れてしまうことよりは、ＥＤのほうが対処のしようがあるのです。

バイアグラは、心臓に負担がかかるから危険と思っている人も多いようですが、実は、もともとは心臓病治療のために開発された薬です。血管内皮細胞の機能を高め、動脈を若返らせる効果もあるといわれています。私の知り合いの大学教授の医者など、２日に１度、健康のためといってバイアグラの改良版のシアリスを飲んでいるくらいです。

60歳以上の男性を対象にした性欲調査では、80〜90パーセントの人が「性欲がある」と答えています。ED治療のほかに、男性ホルモン補充療法もおすすめしたいくらいです。男性ホルモンのテストステロンには、脳の認知機能を高める効果があるので、頭が冴えて、活動的になれます。

「薬に頼ってまでセックスするなんて」と思う人もいるかもしれませんが「セックスがしたい」という気持ちがあるのなら、さっさと治療を受けて薬を処方してもらうほうがいいと私は思います。何を躊躇しているのかまったく理解不能です。

これは、男性に限らずいえることですが、あまりセックスをしない人よりも盛んな人のほうが、ホルモンバランスがいい状態を長く保つことできます。つまり、年齢による不調を迎える時期が遅いというわけです。そのことは、かなり知られたことです。

男性の場合、週に2回射精をしている人と、月に1回射精をしている人とでは、前者のほうが前立腺ガンにかかりにくいという報告もあります。

今の時代、セックスは後ろめたいこと、秘め事ではなく、人生を謳歌するための大切なツールです。生活の質を高めるためには欠かせない要素の一つなので、前向きに取り入れることを検討して下さい。

第五章

食べたいものだけ食べる

ひとりメシはどうする?

ラーメン、寿司、蕎麦、ひとりの食事が味気ないなんて嘘

ひとりの食事は味気ないなんていうのは嘘です。

新聞の記事か何かに、日本の料理はひとりで食べるのに向いているという話が載っていました。たとえば寿司。そしてラーメンや蕎麦もです。

カウンターに座って好みの寿司をあれこれ握ってもらうときは、たしかにひとりが一番気楽です。食べたいものを食べたい順に注文し、一息入れたいときにはお茶を飲んだり、あっさりしたネタを握ってもらう。お腹がいっぱいになったらそこで終わりにすればいいだけです。誰かと一緒だとこうはいかないものです。

注文するペースを合わせたり、「ついでだから」と同じものを握ってもらったり、寿司にうるさい人の講釈を聞いたりで、ゆっくり楽しめません。おまけに値

段のことも気になります。相手が高そうなものばかり頼むと、支払いは割り勘なのか、別会計なのか心配になったりもするものです。

その点、ひとりはとても気楽です。すべて自分のペースで進められるのです。

こんないい食事はないでしょう。

ラーメンは私も大好きなのですが、ほとんどひとりで食べに行きます。麺もスープも熱いうちに食べたほうが美味しいですから、どうせ誰かと一緒でも話もできません。一緒に行った人と向き合って、無言でラーメンをすするなんて、それこそ味気ないと感じてしまうと思います。

昼下がりの蕎麦屋には、ひとりでのんびりお酒を飲んでいるおじいちゃんとか、誰に気兼ねするでもなく、ゆっくり天ぷら蕎麦をすすっているおばあちゃんがいます。そんな人たちは、みんな幸せそうです。いわゆる「おひとりさま」が板についています。私は、いつも「ああいうお年寄りになりたいな」などと思ってしまいます。

ひとりの食事は、自由で気楽です。好きなときに好きな場所に出かけて、どんどんひとりメシを楽しんで下さい。

60歳からのダイエットで人は老ける

心臓病や脳卒中のリスクが高くなっては困ると、ダイエットを心がけている人は多いと思います。2006年頃からいわれ出した「メタボ」という言葉も、すっかり世間に定着しました。男性ではウエストが85センチ以上、かつ、高血圧、高血糖、脂質異常。この三つのうち2項目以上が該当すると、メタボリックシンドロームと診断されます。太っている人ほど、これらの数値に異常が出やすくなるため、ウエストが一つの基準とされているわけです。

厚生労働省のホームページに「メタボリックシンドロームになると、糖尿病、高血圧症、高脂血症の一歩手前の段階でも、これらが内臓脂肪型肥満をベースに複数重なることによって、動脈硬化を進行させ、ひいては心臓病や脳卒中といった命にかかわる病気を急速に招きます」と、記載されています。

つまり、メタボになると、心臓病や脳卒中のリスクが高くなるということです。そこで、メタボ防止策が国策として実施され、世間でも「太り過ぎは早死にする」というのが常識とみなされるようになったのです。

しかし、私は「果たしてそれは正しいのか？」ということを提起します。

実は、これを覆す統計データがあるので、ご紹介します。

2009年に厚生労働省から発表されたもので、宮城県の40歳以上の住民約5万人を対象に、12年にわたって「体型別の平均寿命」を調べた結果です。

もっとも平均寿命が長かったのは、なんと40歳時点で「太り気味」だった人でした。次に長生きなのが「普通」体型の人。肥満と痩せでは「肥満のほうが4～5年も長生き」しているという結果が出ています。寿命が5年違うということは大きなことです。

この事実をなぜ、無視するのでしょうか。そもそも、1981年以降、日本人の死因トップはガンです。ガンは、太った人がかかりやすい病気ではないので、日本人全体の死亡率を下げようとするのなら、メタボ対策には、ほとんど意味はないのです。

ダイエットで人は老けます。

若さを保つためには、体内で性ホルモンが分泌される状態をキープしなければなりません。そのためには、原料となるタンパク質やコレステロールを食事から摂取する必要があります。それなのに「太りたくないから」と、そればかり考えて、これらの摂取を減らしてしまえば、自ら老いへと足を踏み入れていくようvなことになります。特にタンパク質が不足すると、髪の毛が抜けやすくなるし、肌もザラザラになってしまいます。**外見の若さを保つためにも、食事は重要なのです。**

日本でいわれている通説を信じて、60歳以降もダイエットを行えば、節制によって生活の質を下げることになるだけでなく、老化も促進させかねません。

そこで、私は、日本人は1日120〜150グラムくらいまで肉の摂取を増やすべきだと考えています。実際のところ、メタボ予防の重要性は、お互いの国の食生活の比較や死因順位を考慮しない不勉強な医者たちの「欧米の受け売り」でしかありません。

ガマンしてダイエットをし、味気ない食事でストレスをためる。そんな人こそ老けていきます。

ここから、ひとり暮らしの食事について考えていきましょう。

ひとりメシに最適なコンビニ弁当食べて健康になる

高齢者1000人を対象に行った調査では、ある10品目を食べている人ほど筋肉量が多く、握力や歩く速さなど身体的機能も高い、との結果が出ています。

その10品目とは「肉」「魚介類」「卵」「大豆・大豆製品」「牛乳」「緑黄色野菜」「海藻類」「イモ」「果物」「油を使った料理」です。

これらをバランスよくとることができればいいのですが、こんなにたくさんの品目をとるのは大変なことです。ましてや、ひとり暮らしです。自炊もできないという人もいるでしょう。そこで、解決法の一つとして「コンビニ弁当」の利用を提案します。

コンビニ弁当は、食品添加物が気になるという人もいるかもしれません。しかし、仮に食品添加物の影響を受けるとしても、それはずっと先のことです。今すぐ体を悪くするなどということはありません。高齢になったら、10年後の健康のために食事をするより、今日という一日のために食事をすることのほうがはるかに重要です。

コンビニの幕の内弁当などは、おかずの種類が豊富で非常にバランスがとれています。多くの種類の食材から栄養素をとるためには、合理的なのです。

外食も悪くありません。私は、ラーメンが好きでよく食べに行くのですが、最近のラーメンは非常によく考えられています。

今のご時世、化学調味料を使わないお店が増え、スープにコクを出すために20〜30種類もの食材を煮込んでいたりします。つまり、そのスープを飲むことで、20〜30種類の食品の栄養を摂取できるということになるのです。効率がいいと思います。

安くて美味しい弁当屋もたくさんあるし、デパ地下には、色とりどりの総菜が揃っています。ひとりメシでも食事の心配は無用といえます。

これは体にいい、これはダメと決めつけず、ほどよく中食や外食をとり入れていきましょう。何でも食べる人のほうが、心も体も元気であり続けられます。

ガマンは毒、禁煙禁酒はしない

「タバコを吸っているとガンになるから、やめたほうがいい」

たしかにこの考えは、若い人には当てはまるかもしれません。ですが、60歳を過ぎたら、もう無理して禁煙しなくてもいいと私は思っています。

私が勤めていた浴風会病院では、それに併設した老人ホームの入居者（65歳～69歳）を対象に、喫煙者群（338例）と非喫煙者群（322例）の追跡調査を行いました。1~10年後の心筋梗塞の発症率や生存率を、比較検討したのです。結果は、男女ともにほとんど差はありませんでした。

タバコが肺ガンの危険因子になることは事実です。しかし、タバコで健康を害しやすい人は65歳になる前にすでに亡くなっているケースが多いです。ですから、高齢になってからは、タバコを吸っていても元気ならば、それでいいと思います。

私の知り合いで、82歳で肺ガンが見つかった男性がいます。それによって、大好きなタバコを家族に取り上げられました。2か月ほど禁煙をがんばったのですが「どうせ、ガンで死ぬんだから」と、再びタバコを吸い始めたのです。

すると、嘘のように元気を取り戻しました。それから、毎日「うまい、うまい」とタバコを吸い続け、10年後に、クモ膜下出血で亡くなったのです。

なぜ、こんな話をするのかというと「ガマンは毒」だということを伝えたいからです。

こうしたことが起こったのは、おそらく、喫煙の喜びが免疫機能を高め、ガンの進行を遅らせたからでしょう。無理して禁煙を続けていたら、ストレスで免疫機能は低下し、ガンの進行を速めていたことでしょう。それほど、ガマンは厳禁なのです。

私は、タバコは吸いませんが、お酒は大好きです。私にとってお酒とは、人生の喜びです。これを手放すつもりはありません。

以前は、バーでひとり、バーボンを飲むのが好きだったのですが、今はワインにはまっています。ワインは人と人をつなぐといわれますが、私もワインを飲むようになって、人づき合いが多くなりました。色々な分野の人と知り合い、楽しみが増えています。

診断は受けていないのですが、症状からしておそらく私は過敏性腸症候群だと思います。毎朝激しくお腹を下すため、下痢止めを飲んでいます。晩酌のワインが下痢の引き金になっている可能性は濃厚ですが、ワインをやめようとは思いません。私は、お腹をとるか、ワインをとるかといわれたら、生活を豊かにしてくれるワインをとります。

たとえ長生きしなくても、日々楽しく暮らすことを望んでいるのです。

「粗食≠ヘルシー」、体も心もヨボヨボになる

私が有料老人ホームを設立するとしたら、利用者の皆さんの「食べたい」と感じる気持ちを大事に、ガマンや節制などさせず、美味しいものを食べられるホームにします。高齢になったら、その人の「楽しい」「嬉しい」という思いを最優先にすることが何よりも大切だと知っているからです。

食べることとは、人間にとって最大の幸福感を覚える行為です。その食事に「健

康にいいから」とガマンや節制が入り込むと、大きなストレスを生むことになります。

しょっぱい味つけが好きなのに「血圧が高いから塩分は控えて」と医者にいわれ、薄味の料理ばかりになると、美味しいと感じることができません。当然、食欲は著しく落ちます。甘いお菓子が大好きなのに「血糖値が高いから、甘いものは厳禁」といわれれば、大げさでなく、生きる喜びを奪われたような気分になるのです。食事が人間に与える幸福感とはそれほど大きなものなのです。

食事制限をしていれば、たしかに血圧や血糖値の数値は下がるかもしれません。でも、そのかわり、幸福感を得にくくなり、免疫力が低下してしまう可能性が高まります。

病気を免れることのできる免疫力は、心の状態に影響されます。日々「楽しい」「嬉しい」「美味しい」「幸せ」と感じていれば、免疫力は上がります。反対に

「つまらない」「悲しい」「まずい」「不幸せ」と感じていれば、免疫力は下がってしまうのです。

日本人は、質実剛健というか、倹約的なこと、粗食的なことを美徳とするところがあります。あなたも、粗食という言葉にどこか清いイメージを感じませんか。

歳をとったらご飯に干物、豆腐の副菜、おひたしに味噌汁くらいがヘルシーでいい。そんなふうに考えている人が実に多く見られます。

声を大にしていいますが、粗食思考はヘルシーとは真逆です。特に、タンパク質の宝庫である肉を避けることは、間違いでしかありません。動物性タンパク質は、筋肉や血管、皮膚や粘膜など、あらゆる組織の材料になります。また、肉にはセロトニンの材料となる必須アミノ酸のトリプトファンも多く含まれているのです。肉を食べないのは、自ら体をヨボヨボにしていることにほかなりません。

「肉はコレステロールが多いから食べない」という人も多いと思います。たしかに肉はコレステロール値が高いです。しかし、高齢者にはそのコレステロールが必要です。

日本の中でも長寿者が多い東京都小金井市で行われた調査があります。70歳の住民の血中コレステロール値と10年間の総死亡率を調べたところ、コレステロール値が正常よりもやや高めのほうが死亡率が低いという結果が出たのです。まず、コレステロールを恐れることはないということをご理解いただきたいと思います。

コレステロールは、意欲とかかわる男性ホルモンの原料になったり、脳にセロトニンを運んだりする働きがあります。活動意欲を保つために必要なのです。粗食を続けていると、筋肉量が減り、低栄養の状態になります。その結果、免疫力が低下し、感染症などにかかりやすくなるのです。

「美味しい」と感じる喜びは、免疫力を高めてくれます。現代医療は、健康診断の数値にこだわるあまり、人の幸せにまで思いが至らなくなっています。

私は、節制し過ぎて食事への興味が失われ、肉体的だけでなく、心も老け込んでしまった高齢者をたくさん見てきました。長生きのための節制が気持ちを鬱々とさせてしまうのだとしたら、何のための健康管理でしょうか。

もちろん、暴飲暴食はおすすめしません。ただ、今日の自分がご機嫌に過ごすために「美味しい」と感じるものを食べて、幸せな気持ちになって欲しいと思っています。それだけで、免疫力も高まります。

検査の数値ばかり見て、あなた自身の状態を診ない医者の言葉をあまり生真面目に聞かないようにしましょう。これも健康長寿の秘訣といえるでしょう。

悪い食べ物が体をつくる
食べたいものを食べる

結局「何が老化の原因なのか」、この問いに答えることは、一筋縄では行きません。

老化学説自体、さまざまなものが唱えられていて、どれか一つが正しいわけではないからです。しいていうなら、唱えられているすべての学説が複合的に絡み合って老化している、ということになります。

老化学説の中でも、私は、アンチエイジングの権威として素晴らしい実績を挙げている、フランスのクロード・ショーシャ博士の理論を信奉しています。私自身、彼の香港のクリニックで直接指導を仰いで、ショーシャ式の治療を取り入れた「和田秀樹 こころと体のクリニック」を開設していました。

ショーシャ博士は、抗加齢医学・予防医学の専門医で、世界抗加齢医学会の副会長も務める実力派です。世界中のセレブリティを患者に持ち、医学界、栄養学界、美容界などからも非常に高い支持を得ています。それ以上に、私がショーシャ博士の考えかたを選ぶのは、博士のクリニックが40年以上続いているということです。それだけ通い続けている人がいるのです。この事実は、ころころ変わるアンチエイジング理論やテクニックの中で、信頼がおけるということにほかなりません。

ショーシャ博士が40年にわたる細胞研究の結果、導き出した答えは「老化の原因とは、細胞の炎症だ」ということです。私たちの体を形成する細胞は、細胞膜で包まれているのですが「炎症」とはこの細胞膜に傷がついた状態のことをいいます。細胞膜が傷つくと、構成が崩れ、細胞に栄養が行き渡りにくくなります。

私たちの皮膚、髪、内臓、脳、骨。すべての器官は当然ながら細胞でできています。その細胞が傷つき、パフォーマンスを下げることこそが、あらゆる老化現象の原因だというのが、ショーシャ博士の理論となります。

ショーシャ博士の理論の中でも、私が特に共感するのは、必要な栄養をとらないと老化はかえって進むというものです。

ビタミンは代謝にかかわって体の調子をよくするし、タンパク質は臓器や筋肉、皮膚をつくる材料です。コレステロールはホルモンや細胞膜の材料になるし、ブドウ糖が足りなくなれば脳がうまく働きません。これらの栄養素は人間が「美味しい」と感じる食べ物に多く含まれています。

人間が美味しいと感じるのは、甘み、脂肪、うま味（アミノ酸＝タンパク質）で、俗に体に悪いとされているものです。しかし、これらは、人間に一番必要な栄養なのです。つまり「食べたい」という欲求があるものを体が欲しがっていると考えられます。それに、色々なものを食べたほうが、微量栄養素の偏りもなくなって、不足がなくなります。

人間は、歳をとってくると次第に血管の壁が厚くなり、内臓には脂質やマクロファージといった免疫細胞の残骸などがたまって、血液の流れが悪くなります。そうなると、血圧も血糖値も少し高めくらいでないと、酸素や糖を脳まで行き渡らせることができなくなるのです。

高齢者は、味つけの濃いものを好むのですが、これは塩辛いものを摂って血圧を上げようとしたり、甘いものを食べて血糖値を上げようとして、適応しようとしているためです。血圧や血糖値を高めにしておくことを、老化した体が求めているのです。

血圧も血糖値も、死の間際にはどんどん下がっていきます。血圧が30や40になると、昇圧剤を注射するのですが、それでも反応がなければ助かることはありません。

反対に、血圧が300になったとしても、脳に動脈瘤でもない限り即死はしません。**もうお分かりかと思いますが、人間の体にとって「足りないことは余っていることよりも悪い」のです。**

食事から摂る栄養に関してもまったく同様です。必要な栄養素が摂れなければ、細胞がみるみる元気を失って、老化が加速してしまいます。そのため、やはり、歳をとってからのダイエットや節制した食事は、体に害になるばかりなのです。

大切なのは、食べないことではなく、細胞の炎症を抑える食材を選んだり、内臓に負担をかけない食べかたをすることなのです。

「ひとり暮らしの食事メニュー」、これを食べればいい

ひとり暮らしの食事です。いったいどのようなものを食べればいいのか分から

ないことと思います。私自身は、食べたいものを食べればいいと考えているのですが、食事の際には、ショーシャ博士のいう「細胞の炎症を防ぐ食材」をなるべく摂るように心がけてはいます。もちろん、ガマンはしません。

これから、老化を防ぐ食材や、メニューの話をしたいと思います。

脂肪については、**オリーブオイル**などに含まれるオメガ9脂肪酸、**脂ののった魚**に含まれるオメガ3脂肪酸は、細胞レベルで必要な脂肪なので、気にしないで摂って下さい。

気をつけて欲しいのは、マーガリンやマヨネーズに含まれるトランス脂肪酸、肉の脂身やバター、ラードなどに含まれる飽和脂肪酸です。これらは、血液をドロドロにして細胞の炎症を引き起こす張本人になりかねません。

こってりしたものが食べたいな、というときは、なるべく「いい脂」を摂ることをおすすめします。たとえば、ドレッシングの代わりに**オリーブオイル**と**レモ**

ンを絞ってサラダにかける。「昨日は肉を食べたから、今日は魚にしよう」、そんな程度でかまいません。

一番食べて欲しいものは、ずばり**肉**です。日本人は肉が少ない。私はあらゆる機会をとらえて「肉を食べよう」といい続けています。

肉を食べて、タンパク質を十分に摂ることで、筋肉量が増え、歳をとってもスタスタ歩ける足腰をキープすることができます。肉にはセロトニンの材料となる必須アミノ酸のトリプトファンが多く含まれているので、食べておけば、意欲の低下やうつ病の予防にもなるのです。肉は、必須といっていいでしょう。

老年医学の専門家である柴田博先生は、国内外の長寿者を対象に長期にわたる調査を行い、長寿の人に共通する健康習慣を分析しました。豊富な臨床経験と、綿密な調査に基づいた柴田先生の意見や指摘は、説得力があるので、私は大いに参考にしています。

柴田先生の指摘によっても、日本の長寿者の特徴は動物性タンパク質（肉）の摂取割合が高いということです。

肉に含まれる動物性タンパク質を摂ることで血液中に増えるアルブミンという物質は、脳卒中、心筋梗塞、感染症の予防に効果があります。柴田先生の調査によると、血液中のアルブミンの低い人ほど早期に死亡しているとのことです。肉の摂取量が高くなるほど、病気のリスクが低くなると柴田先生は指摘しています。嫌悪されがちなコレステロールも、低下すれば意欲がなくなり、ボケたような症状が出ます。歳をとったら日々の食事で肉を積極的に食べ、コレステロールを摂る必要があるのです。なお、1日に摂る肉は120〜150グラム程度が適量です。

とはいえ、毎日、肉をこれだけの量食べるのはしんどいという人もいるでしょう。

その場合は、**魚**はもちろん、**豆腐**、**納豆**などの大豆製品を積極的に摂りましょう。特に**サバ**や**イワシ**などの青魚は、血栓をできにくくして、心筋梗塞や脳梗塞を予防するＥＰＡやＤＨＡといった必須脂肪酸が多く含まれているので病気予防になります。大豆製品は、良質なタンパク質が含まれているだけでなく、ミネラルや食物繊維も豊富なので、体にとって、非常にお得です。

１日に必要なタンパク質は、体重１キログラムに対して１グラムです。体重60キログラムなら60グラムのタンパク質が必要になってきます。ただし、タンパク質から筋肉をつくる効率は歳をとるにつれて落ちてしまうので、私たち世代は、体重１キログラムあたり１・２グラム程度のタンパク質を摂取するのが理想です。

肉１００グラム中、豚ヒレは22・２グラム、鶏モモ肉は17・３グラム、和牛サーロインは17・１グラム程度のタンパク質が含まれています。卵は１個（60グラム）につき7・４グラム、木綿豆腐は１丁（３００グラム）につき21グラム、納豆は40グラムにつき6・6グラム、牛乳は200ミリリットルにつき6・6グラム程度のタンパク質が含まれています。参考にして下さい。

タンパク質は、体内で貯蔵できないので、一度にたくさん食べても意味がありません。1日3食で、**肉**、**魚**、**卵**、**乳製品**などの動物性タンパク質と、**大豆**や**大豆製品**などの植物性タンパク質をまんべんなく摂ることが大切なのです。

シャキッと元気な体をつくるには、栄養をしっかり摂らなくてはなりません。中でもとりわけタンパク質は重要なので、意識的に摂るように心がけて下さい。

赤・黄・緑、色の濃い野菜で体の錆をとる

細胞の炎症は、体の酸化につながります。体の酸化を防ぐことが、老化を防ぎます。食品の中には抗酸化作用を持つものがあるので、これらを上手に活用して、

中からも、錆びない体をつくっていきましょう。

特に、赤、黄、緑といった色の濃い野菜は高いアンチエイジング効果が認められています。緑黄色野菜の天然色素には、αカロテン、βカロテン、リコピン、ルテインといったカロチノイド類が豊富です。摂らない手はありません。

特に、カロチノイド類が豊富な緑黄色野菜は、**ニンジン**、**トマト**、**ホウレンソウ**、**グリーンピース**、**ブロッコリー**、**エダマメ**などです。

そのほか、キャベツ、ハクサイは、抗酸化物質のビタミンA、C、Eが豊富に含まれており、**セロリ**、**カブの葉**、**トウモロコシ**、**アボカド**、**メロン**などは強力な抗酸化物質のルテインを多く含んでいます。

果物では、ベリー類に、脳と心臓を保護する抗酸化物質のアントシアニンが豊富なので、意識して食べていただきたいです。ベリー類とは、**ブルーベリー**、**ラズベリー**、**ブラックベリー**、**カシス**、おなじみの**イチゴ**もベリー類です。ちなみに、**リンゴ、プラム、ピーマン**もアントシアニンが豊富な食品です。

生で食べれば、野菜や果物に含まれる酵素も体内に摂り込むことができ効率的です。

「最強の食べかた」1日3食＋間食がベスト

食事の摂りかたに気をつかえば、体の機能がスムーズに働くようになります。

ここでは、何時にどんなものを食べたらいいのかという具体的なメニューを紹介していきます。

栄養は、一定のインターバルで補給すると吸収がいいので、やはり「1日3食＋間食」がベストな間隔です。摂りすぎるのも、不足するのもよくありません。

また、人間の臓器は、実は片時も休みなく働いているわけではありません。それぞれ、決まった活動時間を持っています。その活動時間に合わせて、最適な食事を摂ることが重要となってきます。内臓が休んでいるときに、栄養を摂ることは、ホルモンバランスが崩れる要因となるので、注意しましょう。

朝食（7時～9時）

朝に活動が盛んな臓器は肝臓です。肝臓の役割は、脂肪の分解とタンパク質の合成なので、朝のうちに一日のエネルギーの素となる脂肪とタンパク質を摂って下さい。

ただし、朝食では炭水化物は少量にとどめておきましょう。エネルギー燃焼のために、炭水化物は必要ですが、インスリンの分泌を促す膵臓がこの時間はまだ眠っています。

ご飯ならお茶碗1杯。食パンなら1枚程度と軽めにしておくのが無難です。

野菜や果物を100グラムほど摂るといいと思います。

ということは、朝から脂肪たっぷりのお肉!?　と驚かれるかもしれませんが、理論上、これがもっとも内臓への負担が少ない食べかたとなっています。

何も絶対に、朝からステーキを食べろとはいっていません。日本の伝統的な朝ご飯のように、焼き魚に納豆、豆腐や野菜の入った味噌汁、という食事内容で、脂肪やタンパク質が十分に摂れます。日本の食事内容は、ショーシャ博士も絶賛しているくらいバランスがいいので、和朝食もおすすめです。

ついでといったら何ですが、私の朝食もご紹介しておきましょう。

朝食は軽めですが、**おにぎり**と**ヨーグルト**を必ず摂るようにしています。ヨーグルトには**ターメリック**、**シナモン**、**コリアンダー**の三つのスパイスをミックスしたものをかけます。これらのスパイスは、いずれも抗酸化作用に優れ、動脈硬化予防になると聞き、かれこれ5年は続けています。

三つのスパイスは、一つの瓶に同量をミックスして入れておくと便利です。この抗酸化スパイスが私の血管に功を奏したのか、50代に測定したとき80歳だった血管年齢が、今は、実年齢に近い60代まで下がりました。

インドの人は、心筋梗塞やガンが少ないのですが、これは、料理で多用するスパイスの抗酸化作用が大きな要因になっているといわれているのです。

人生は1回しかありません。

スパイスだろうが何だろうが、色々試してみるのが私流なのです。

昼食（12時〜14時）

ランチどきも、肝臓の代謝機能は高い状態を保っています。そこで、昼食もタンパク質をメインに摂ってしまいましょう。

野菜は、朝食よりも多めに250グラム程度を目安にして下さい。

昼食は、エネルギーを効率よく燃やすために、炭水化物を摂りたいところです。

ここでも、**サバ**や**ブリ**といった脂の乗った魚を使った焼き魚定食や、**マグロ**や**サケ**などの刺身定食が、理想的な食事内容といえます。

魚の中でも特にサケは、オメガ3脂肪酸が豊富で、抗炎症作用があるため、毎日1～2切れのサーモンを食べるのが推奨されています。

私はラーメンが大好きなので、ランチは時間があれば、列に並んででも好きなラーメンを食べに行ったりします。いい気分転換にもなります。

間食（16時～17時）

おやつは「4時のおやつ」と心得て下さい。16～17時頃になると、糖を分解してくれるインスリンを分泌する膵臓の働きがようやくピークになります。甘いものが食べたい人は、この時間を逃さないで下さい。

糖は吸収が早いので、膵臓が眠ったままの状態で甘いものを食べると、膵臓にかかる負担が大きくなってしまいます。この時間帯以外に甘いものを食べると、眠っている膵臓を無理に起こして活動させるようなものなので、膵臓が著しく疲れてしまうのです。そうなると、肝臓をはじめ、他の細胞にもそのダメージが蓄積されることになります。くれぐれも、甘いものは「4時のおやつ」に摂るようにしましょう。

ショーシャ博士は、カカオ成分**70パーセント以上のダークチョコレート2かけら**程度のおやつをすすめています。カカオは、抗酸化物質を含むほか、セロトニンやドーパミンもつくってくれる嬉しい食材です。私たち世代にぴったりですね。

また、この時間帯に果物を摂ることもおすすめです。**リンゴ**、**イチゴ**、**ベリー類**、**モモ**、**オレンジ**、**洋ナシ**、**プラム**などは抗酸化作用が高く、血糖値の上昇も緩やかなので、内臓への負担は、より少なくて済みます。

夕食（19時〜21時）

この時間帯は、朝、昼と働いてきた肝臓と「4時のおやつ」で活発になった膵臓が休むときです。夜は、肝臓と膵臓をきちんと休ませます。

この時間は、活発な動きをする胃と腎臓に働いてもらいましょう。

夕食は、肝臓を休ませるために、肉類などの動物性脂肪を控えて、野菜中心にします。

動物性脂肪は、体内で完全燃焼できないものであるため、肝臓への負担が大きいのです。ただし、**魚の脂肪**や**エキストラバージン・オリーブオイル**はＯＫです。

膵臓を休ませるために、炭水化物、砂糖、アルコール、果物もなるべく控えます。アルコールは赤ワインをグラスに1〜2杯程度なら飲んでもかまいません。

このとき、アルコールは食事中に飲むことで、血糖値の急激な上昇を抑えることができます。

私の楽しみは、一日の終わりに、ワインを飲みながら夕食を摂ることです。時間は午後8時くらい。遅いときは、10時をまわることもあります。それでも、ガッツリいきます。赤ワインを飲むときは肉を、白ワインのときは魚介類を食べます。夕食の時間を彩るワインをやめるつもりは、今後もありません。

「いつ、何を食べるか」ということを意識するだけで、体も見た目もぐんと若返ります。試しに、実行してみて下さい。違いを感じると思います。

食事の摂りかたについて、もう少しポイントをお教えします。

一つ目のポイントは、食事ではタンパク質から先に摂るということです。

炭水化物や糖分を先に食べると、血糖値が急激に上昇してしまい、インスリンがどっと出ます。これは、膵臓に負担が大きくおすすめできません。

また、すぐに血糖値が下がるため、満腹感もなかなか得られないのです。

先にタンパク質を摂ると、血糖値の上昇が緩やかになり、内臓への負担も減ります。

まず、肉や魚、大豆製品などを食べ、それからご飯やパン、最後にデザートという順番を守って下さい。この順番だと、血糖値の激しい上がり下がりがなく、細胞の炎症を防ぐことができます。

二つ目のポイントは、毎食エキストラバージン・オリーブオイルを大さじ1杯程摂ることです。オリーブオイルは抗酸化作用に優れ、体脂肪を燃やす手助けをしてくれます。

中でもエキストラバージン・オリーブオイルは、混じりっ気がない非加熱の食材なため、より効力を強く感じることができます。

もう一つ心がけたいのが、男性ホルモンの材料となる食材をしっかり摂ること です。

男性ホルモンの材料は、ずばりコレステロールです。その点からも、私は「肉を食べろ」と口を酸っぱくしていうのです。

牡蠣やニンニクに豊富に含まれる亜鉛を摂ることも大切です。亜鉛は、男性ホルモンの合成と分泌を促す作用があります。また、タマネギに含まれる含硫アミノ酸も、テストステロンの合成を誘導するといわれているので、積極的に摂り入れましょう。

マウスに、4か月間タマネギのエキスを与え続けたところ、テストステロンの値が約2倍になったという実験結果もあるくらいです。

あくまでも理想ですが、食事の摂りかたについて、これだけの知識があれば、完璧なひとり暮らしができるはずです。

ホントにサプリメントは必要なのか

サプリメントは、ビタミンやミネラル、食物繊維などの栄養素や、動植物から抽出した成分などでできている「健康食品」です。形状は、錠剤やカプセルが多く、薬と同じ見た目だと考えて下さい。病気を予防したり、健康を増進することが目的の食品です。

欧米では、若さや健康を保つためのサプリメントの活用は一般的です。日本でも、ドラッグストアやネットショッピングでサプリメントを購入する人が増えてきました。

サプリメントは、足りないものを足す、というかたちで使用されることが多いと思います。本来、毎日の食事から必要な栄養素を摂ることが理想です。しかし、現実には、どうしても不足する栄養素が出てきてしまいます。人間の体は、一つの栄養素が不足するだけで、心身に不調をきたすことがあるものです。

そんなときに、活用したいのがサプリメントです。手軽に栄養素が補え、不調を改善する手助けになります。

また、精神科医の立場からもいえることがあります。たとえば、動脈硬化予防にDHAを摂ろうとして、魚嫌いの人が嫌々魚を食べることは、強いストレスになります。かえって、健康を害することもあるくらいです。それなら、サプリメントで手軽にDHAを補うほうがいいのではないでしょうか。「栄養は食事から摂らないとダメだ」などと頑固に考えないことです。これからは、柔軟な姿勢が大事です。

サプリメントは、利益率が極めて高く、開発コストも薬品のようにはかからないことから、さまざまな事業者が業界に参入しています。そのため、流通している商品は玉石混淆です。中には、まるで効果がない怪しげな商品や、単なる水を「聖なる水」などと謳い、高く売りつける組織もあります。

無害ならまだしも、場合によってはアレルギー症状を起こしたり、服用中の薬との相互作用で、害が表れたりするケースもあります。体にいいと思い込んで、何でもかんでも使用するのはくれぐれも避けて下さい。

現在、服用中の薬がある人は、相互作用に問題がないか、かかりつけ医か、薬剤師に相談するといいでしょう。

サプリメントの有効性については、正確なエビデンス（科学的根拠）は認められていませんが、まったく効果がないというエビデンスもありません。**判断の基準となるのは、自分自身が効果をどう感じるかです。**その点を理解し、上手につき合って下さい。

第六章

病院、医者、薬、これだけは知っておく

ひとり暮らしと病気のこと

ひとり暮らし、病気になったらどうなる

病気一つせず、健康で暮らせるに越したことはありませんが、そうはいかないのが人間です。ひとりで病気になることに不安を感じる人も多いと思いますが、日本の医療や福祉制度は、意外に手厚くできているので、今から心配する必要はないと思います。

現在の厚生労働省の方針では、お金がかかるからなるべく施設はつくりたくない。在宅で何とかして欲しいとなっています。**これは、もちろん、ひとり暮らしの場合は相応のケアをするので、ということです。**

訪問診療、訪問看護は、保険の点数が高いので、医者からすれば儲かる医療です。そのため、やりたがる医者も多いのです。もし、ひとり暮らしで足腰が弱く

なってしまっても、わざわざ医者に行く必要はないでしょう。

訪問診療は、それが持病であれば、かなり重大な病気でも対応できます。たとえば、脳梗塞の後遺症、心筋梗塞の後遺症なども診療の対象となります。ポータブル人工呼吸器の貸し出しもしているくらいです。覚えておいて下さい。

医者と製薬会社のホントの関係、ホントに薬で儲けているの？

新しい薬や大量の薬を処方する医者に不信感を持つという話をよく聞きます。「製薬会社から接待されてるんじゃないか」「裏金をもらってるのではないか」だから、必要のない薬や、効果のない薬を多く出して儲けているんじゃないかという考えかたです。

薬に関しては、医者が儲けているということは、院内処方でない限りありません。昔は、たしかに製薬会社からの高額接待というものがありましたが、今は、そんなものはありません。

院外処方で出された薬であれば、1種類でも10種類でも医者に入るのは処方箋料だけなので、薬の量で儲けようとしているということは考えにくいといえます。

治験に協力した医者ということで、開発者リストに自分の名前を列ねるために、新薬を処方する医者というのはいます。治験薬をひとりに1回処方したとしても、開発者として名前が出るので、それ目当ての大学病院の教授はいます。また、製薬会社から研究費を出してもらいたい大学病院が、決まった会社の薬ばかり出すということも横行しています。

大学病院というのは、いまだに、現実を知らない偉い教授が絶対です。そんな教授から「きみ！　そんな古い薬でいいと思ってるのか！　分かってないね」なんていわれて、渋々、必要のない薬や効果のない薬を処方しているという医者もいます。

高齢になると薬が体内に残留する時間が長くなることもあって、**6種類以上の薬を飲むことは有害事象が増えることも明らかになっているのです。**

医者にもノルマがある、検査好きな医者に注意

医者が儲けているといえるのは、薬よりも検査と入院です。検査はやればやるほど儲かるので、やたらに検査、検査という医者は信用できません。これからは、それが本当に必要な検査なのか、自分である程度調べていくことも必要になってくると思います。

入院は、完全出来高制です。入院患者を増やし、入院日数を増やせば、それだけ病院が儲かることになるといえます。

ある病院グループなどは、医者に、手術や入院患者数のノルマがあるということが医師の間で話題になっています。腕のいい医者ではなく、売り上げの多い医者が出世するということです。

病院も生き残りをかけて、患者の単価を上げたいのでしょう。患者のほうも、知識や情報が必要なのです。

いわれるがままはダメ、病院通いには十分注意する

高齢になってきて、病気や体調不良に見舞われたときは、今の生活の質を大切にしながら対処することが肝心です。医者にいわれるがままではいけないのです。

薬を飲んで体がしんどくなったら、決してガマンせず、薬を減らしたり、やめたりすることも含め医者に相談して下さい。それでも、医者が頑固な場合は、自

分の判断を信じていいと私は思うのです。薬を飲む前に戻るだけなのですから。

現代医療は検査で得られたデータを「正常に戻すこと＝健康」と考えがちです。けれど、本当に重要なことは、本人の実感なのです。高齢者医療の現場にいるものとしては、そう感じます。

- **痛みが減って楽になった**
- **食事が美味しく食べられるようになった**
- **眠れるようになった**
- **出歩けるようになって嬉しい**
- **趣味が楽しめるようになった**

こんな実感があってこそ、治療に効果があったといえるのです。

当事者のあなたがこうした実感を得られたなら、たとえ検査の数値が高めであっても、充実した人生を送ることができます。**これからは、さまざまな検査**

データの異常があったとしても、生活の質を保ちながら体の手当てをしていって下さい。

あなたがどんなに特別な医者だと思っても、医者にとってはあなたは、大勢いる患者のひとりでしかありません。歳をとって体のあちこちに不具合が出てくると「病院に行って治したい」と思うのはもっともなことです。私も医療を否定する気はありません。ただ、病院通いには注意が必要だといいたいのです。

病院選びを間違えない大事なポイント

それでは、どういった病院を選ぶのが正しいのでしょうか。手術の症例数が多いところがいいのか、テレビに出ている有名な医者のいる病院に行きたいのか。色々と悩ましいと思います。選ぶ際に参考にすべきいくつかのポイントがあります。

まず、医者は、一度免許をとってしまえば、後は更新など何もないということを知っておいて下さい。新しい知見を勉強しなくても、免許が取り上げられてしまう職業ではないのです。患者としてはその点をしっかり意識しておくべきです。日本では、大学病院なら高度な治療が受けられると妄信している人が少なくありませんが、そうとは限りません。

私は、大学病院に勤務する医者は「大学病院教」という宗教の信者のようなものだと思っています。教授には絶対に逆らえませんし、教授が一旦正しいと決めた治療法は、その教授が退くまで何十年でも信奉し続けます。間違えていると分かっているのに、保身のため権力に屈するのです。まったく信用できません。

大学病院はその規模の大きさや、医者の人数の多さから最新の医療を提供しているように見えますが、実は古い医療の温床であったりもするのです。

大きな総合病院で治療や手術を受けたいと考えるのなら、その病院の病気別の手術成績表をチェックしてみて下さい。

大学病院であれば、インターネットで手術の実績を公開しています。そこで、手術実績のいい病院を確認するのです。もちろん、その後のフォローもいいか調べる必要もあります。

ここで、医者に真剣に治療に取り組んでもらう秘策をお教えします。

医者が一番恐れるのは、医療過誤で患者から訴えられることです。それを利用します。

「うちは、知り合いに弁護士がいっぱいいましてね」などと、あたかも「失敗したらすぐに訴えますよ」という態度で臨むのです。権力に弱い医者に非常に効果的です。

会話をＩＣレコーダーで録音するのもいいでしょう。あるいは、色々調べた資料を机に並べて話をするという方法もあります。

中には怒り出す医者もいるかもしれませんが、ほとんどの医者は「手抜きをしたら訴えられる」と思うので、真剣に対応してくれるはずです。

「大学病院」「近所の町医者」通うならどっちがいい？

何にでも相性というものがあります。嫌だな、合わないなと思う医者に、ガマンしてかかる必要はありません。人生、ガマンは禁物です。

これからは、相性のいいかかりつけ医を見つけて下さい。加齢とともに心身の不調は次々に出てきます。不調を感じたときに迷わず「相談」できる医者がいるということは、大変心強いものです。

通常、かかりつけ医は、自宅に近い内科医院。いわゆる町医者がなります。何かあったときに駆け込みやすい近所の病院ということが、最大のメリットです。

ときどき、絶対に大学病院の医者に診てもらいたいという人がいますが、はっきり申し上げて大学病院は「治療する場所」としてふさわしくありません。大学病院は専門分化が激しいため、患者を総合的に診ていく「高齢者医療のスペシャリスト」がいないからです。自分の専門以外のことは、まったく分からない。それが、大学病院の医者です。

おまけに、どの医師に診てもらうかを決めずに大学病院に行けば、あまり腕のよくない医者や経験の浅い医者にまわされてしまったりします。

一方、地域に根差した町医者は、大学病院の医者よりも高齢者治療の臨床経験が豊富です。健康に関する日常的なアドバイスも的確にしてくれるでしょう。通いやすく相性のいい医者を見つければ、こんなに頼もしいことはないのです。不調が起きたときに、受診してみて、自分と相性が合うかどうかを確かめるといいでしょう。

かかりつけ医とは、長いつき合いになります。いい医者と出会えると、その後の人生の安心感がまるで違ってきます。

「話を聞いてくれて、説明も分かりやすい」「愛想がいい」「一方的ではなく、治療方針を一緒に考えてくれる」。そんな医者を根気強く探して下さい。きっと、頼りになるかかりつけ医と出会えるでしょう。

ここでわかる
いい病院を見抜く三つのポイント

頼りになる病院かどうかを見抜くポイントを三つ紹介しましょう。

一つ目は「待合室が明るく、にぎわっているかどうか」です。

病院の待合室のにぎわいは、医者が患者に真摯に向き合っていることの表れです。薬の使いかたも適切だと思われます。高齢の患者さんが、薬を多く飲みすぎたため、ヨボヨボし、かかりつけ医のもとまで歩いていけないということがないのです。

さらに、患者さん同士がワイワイとおしゃべりできるような明るい雰囲気が待合室にあるのは、医者が患者を大切に考えている証です。もし、横柄な医者であったら、患者は萎縮して待合室で小さくなっていることでしょう。

待合室が暗くて、どんよりしている。ヨボヨボした老人のたまり場になっている。そんな病院は避けたほうがいいと分かります。

二つ目は「口コミ」です。

年齢を重ねると、周囲にも不調を訴える人が増えるため、「あそこの病院はいい」「あそこはよくない」といった話が聞こえてくる機会が増えてきます。こうした患者視点の情報はわりと当てになるので、こまめにチェックするといいと思います。インターネットに記載されている患者の口コミを参考にしてみるといいでしょう。

三つ目が「相性」なのです。

治療の決定権は、医者ではなく患者にあります。医者のいいなりになって治療を受けるということは、自分の人生を他人に委ねることと同じです。ひとりで暮らし、生きていくと決めたならば、決定権は自分のほうに置きましょう。

医者にいわれるがまま治療を受けるのではなく「こんなふうに生きていきたいから、それが叶うかたちで治療を受けていきたい」。いいかかりつけ医とは、そんな患者の希望に寄り添い、理解してくれる医者のことを指します。

「病気さえ根絶すれば、患者にどんな後遺症が残ろうが、どんな生活上のハンディキャップが残ろうが問題ではない」。そんなふうに思っている医者が日本には圧倒的に多く存在します。データを正常に戻すことに熱心すぎるのです。

だからこそ、患者のほうが決定権を持っていないと、心身に不調を感じて病院に行ったとき、ベルトコンベア式に検査が行われ、病気が見つかれば「治療」というレールに自動的に乗せられることになります。

「ピンピンコロリ」より「ネンネンコロリ」で死ぬのがいい

多くの高齢者は「寝たきりになったらどうしよう」と不安に思います。確率からいえば、ほとんどの人は、最期は寝たきりです。これが普通です。

高齢者の皆さんは「ピンピンコロリ」で逝きたいといいますが、それは「死ぬ直前まで元気で、死ぬときは一瞬で逝く」ということを意味しています。こういった急性心不全などで急死する死にかたというのは、高齢者全体のほんのひと握りです。つまり、大部分の人は、不調や病気の中、寝たきりや要介護状態が続いた末に逝くのです。

私は、ピンピンコロリより、寝たきりの末に逝く「ネンネンコロリ」のほうが、一般的で理想的な死にかただと思っています。

まず、ピンピンコロリの場合、死の準備ができません。やりたかったこと、やらなければいけないことができない。会っておきたかった人にも会えない、自分の人生を振り返り感慨にふけることさえもできない。私はそれは理想的ではないと感じます。

ネンネンコロリならば、家族や大切な人に伝えたいことを伝え、会いたい人に会うこともできるのです。そのほうが、悔いが残りません。乱暴かもしれませんが、病気や不調にいちいちくよくよしないで下さい。

60歳からの健康診断やガン検診は有害でしかない

60歳ともなれば、健康診断で、数値の異常が見られることも多くなります。検査の結果、血圧が高い、血糖値が高い、メタボだ、レントゲンで肺に影が見えたとなることもあるでしょう。そうすると医者は「さぁ大変！　投薬だ！　手術だ！」と大騒ぎするものです。実は、私は、この健康診断やガン検診は無意味なものだと考えています。いや、むしろ害になると思っています。

私は多くの高齢者を診てきましたが、健康診断とガン検診こそ、病人を製造するシステムなのだと思っています。

健康診断では、しばしば血圧、血糖値、コレステロール値が問題にされます。これらの数値が高いと動脈硬化を起こすといわれているからです。たしかに、数値を下げることは、10年後、20年後の心筋梗塞や脳卒中などの命にかかわる病気を回避することにつながります。

しかし、歳をとって動脈硬化のない人はまずいないというのも事実です。つまり、動脈硬化は避けられないことなのです。

私が勤務していた高齢者専門の浴風会病院では、年間100例の病理解剖を行っていました。解剖検査の結果では、80歳を過ぎて動脈硬化が進んでいない人はいませんでした。70代でも動脈硬化はほとんどの人に見られたくらいです。

動脈硬化がすでに始まっている60歳以上の人たちに、10年先、20年先の予防を呼びかける意味があるのでしょうか。はなはだ疑問です。

動脈硬化を起こすと、血管の壁が厚くなるので、血圧や血糖値を通常より多少高くして血液を巡らせないと、脳に酸素やブドウ糖が行き渡りにくくなります。

加齢によって血圧や血糖値が高くなるのは、動脈硬化に対処するための適応現象なのです。そもそも、人体には、そういった理由があるにもかかわらず、むやみに数値だけ正常に戻すべきだという考え自体、かなり危険なものです。

血糖値が高いと、医者は薬で正常値まで引き下げようとします。インスリンや糖尿病の薬で、血糖値を下げると、それがデータ上正常な値であっても、低血糖が起こる時間が明け方などに出現します。この低血糖により、失禁やふらつき、ボケたような症状があらわれたりするのです。

血圧が高い場合、すぐさま「塩分を控えましょう」といわれます。塩分のとり過ぎは血圧を上げ、脳卒中や心臓病のリスクを高めるからです。40代、50代までなら塩分を控え目にするのもいいでしょう。しかし、歳をとってから塩分を控え続けると、血液中のナトリウム濃度が低くなる低ナトリウム血症のリスクが高まってしまいます。

低ナトリウム血症の症状は、意識がぼんやりする意識障害、倦怠感、吐き気、疲労感、頭痛、筋肉の痙攣などがあります。医者の指示を守って真面目に塩分を控えていると、気づかないうちに低ナトリウム血症が生じ、意識障害によって生じる歩行障害による転倒や骨折のリスクも増大します。

コレステロールもよくやり玉に挙げられますが、メリットもたくさんあるのです。コレステロールは免疫細胞や男性ホルモン、女性ホルモンをつくる材料になるため、コレステロール値が高いほうが、性ホルモンの分泌がいいので、若さを保つことができます。また、コレステロール値が高い人は、免疫力が高く、ガンになりにくいという報告もあるのです。

コレステロールが高い、血圧が高いといわれても、それがすぐさま病気だということではありません。

「生老病死」という仏教の概念があります。人は生まれて、老いて、病にかかり、死を迎えるのです。つまり、人間にとって、老いも病も死も、生命の一部なのです。糖尿病だ、高血圧だと、不安にならないで下さい。生きている限り、不安がゼロになることはありません。「不安はどのみちつきまとうもの」と、気持ちを切り替えて下さい。

老いも病も死も、すべては生きているからこそ起こるのです。これは、生きているという実感そのものなのです。

検査数値は気にしない

血圧や、血糖値、コレステロールを気にしすぎると、活力が奪われていきます。

医者にいわれた通り血圧や血糖値、コレステロールを正常値まで下げると、脳は栄養不足、酸素不足に陥るのです。結果、頭がぼんやりする、だるい、足がヨタヨタするなどの不調があらわれてきます。私は、これらの数値は高めにコントロールしても問題ないと判断しています。

検査数値が正常になっても、頭はぼんやり、体はヨボヨボになるなんてまっぴらごめんですね。血圧や、血糖値、コレステロールの数値は加齢とともにある程度高くなるのが普通です。みんなそうなのです。自然な現象に悩む必要はありません。

ここで、興味深いデータをご紹介します。

浴風会病院の糖尿病専門医だった故・板垣晃之先生は、血糖値のコントロールは緩やかに行っていました。インスリンや薬で血糖値を下げ過ぎないことで、患者が低血糖を起こすことを防いでいたのです。これにより、ボケたようなどんよりとした表情の糖尿病の患者が一様に「頭がスッキリした」といって、みるみる元気を取り戻しました。

糖尿病はアルツハイマー病の発症リスクの一つとされています。そのため、動脈硬化予防に加え、認知症予防のためといって、ほとんどの医者は躍起になって血糖値を下げるのです。それが、医学の常識だと思っているからでしょう。

ところが、この医学の常識と相容れないデータが浴風会病院の解剖症例では、確認されています。解剖所見では、糖尿病がある人はない人と比べて、アルツハイマー病の発病率が3分の1にとどまっていたのです。もともと浴風会病院では「血糖値は高いほうがアルツハイマー病になりにくい」といわれていましたが、それが確認されたわけです。

糖尿病とアルツハイマー病の関連研究として「久山町研究」という有名なものがあります。これは福岡県久山町で実施された研究で「町民を健康にしよう」というスローガンのもと、町を挙げて生活習慣病とその後を調査研究したものです。

このとき、たしかに糖尿病の人はそうでない人の2・2倍アルツハイマー病になりやすいという結果が報告されました。ただし、彼らはほぼ全員、糖尿病の治療を受けています。

この結果と、浴風会での解剖所見、血糖値を高めにコントロールした高齢者が元気を取り戻したという事実を踏まえ、私は以下のような仮説を立てました。

糖尿病の治療によって一日何時間か低血糖になる時間帯があり、それが脳にダメージを与えてアルツハイマー病の発症率を高めているのではないか？　つまり、糖尿病だからアルツハイマー病になったのではなく、糖尿病の治療薬を使えば使うほど、アルツハイマー病になりやすいのではないか？　こんな説です。どうでしょうか？

誰かのつくった医学の常識など、疑ってみることが大切です。少なくとも私は、自分が現場にいた浴風会のデータを信じています。インスリンや薬を減らし、血糖値を高めにコントロールした高齢者の方々は、実際、前よりも元気になったのです。

私自身、血圧、血糖値、コレステロールは高めにコントロールしています。血糖値は300mg／dℓを切るくらいが目標。コレステロール値も300mg／dℓを切るくらいの高さです。中性脂肪に関しては600mg／dℓくらいです。日々、体調もよく、現時点では眼底や腎機能に異常もありません。私は、これからの人生はシャキッとアクティブに過ごしたいので、このようにコントロールしています。

物事すべてにメリットとデメリットがあるものです。

「ヨボヨボになってもいいから動脈硬化にだけはなりたくない」と考える場合は、食事をガマンし、必要な薬を飲めばいいと思います。すべては自分の選択です。

健康診断で数値の異常を指摘されても、オタオタせず冷静に対処して下さい。医者のいうことを鵜呑みにせず「自分で考え」「体の声を聴く」のです。自分の体は自分で守って下さい。60歳は十分に、それができる年齢です。

ガンで死ねたらラッキー
なぜなら……

ひとり暮らしでガンになったらどうしよう。そんな不安を覚えることもあるでしょう。

現在、日本では2人にひとりがガンになり、3人にひとりがガンで死んでいます。この数字も正しいとは限らないと私は思っています。

私が浴風会に勤務していた当時、年に100人ほどの解剖結果を目にしていましたが、85歳を過ぎた人の体内には必ず、ガンがありました。つまり、2人にひとりどころではなく、85歳を過ぎれば誰もがガンを抱えることになるのです。ガンは特殊な病気ではありません。むやみに恐れる必要はないのです。それに、2人にひとりはガンの存在を知らないまま死んでいくのです。自分がどちらに入るかなんて分からないではないですか。

もし、ガンが発見されたとき選択肢として考えられるのは二つです。

①苦しい思いをしても、１秒でも長く生きるために、ガンの治療を受ける。

②なるべく苦しまずに一日一日を好きに生きるため、たとえ残りの人生が短くなったとしても治療は最小限にして、ガンとともに生きていく。

①を選ぶ場合、大事になるのは、医者と病院の選びかたです。目ぼしい病院を見つけたら、その病院の病気別の手術成績をホームページでチェックして下さい。術後のフォローがいいかを調べることも大切です。

今の時代、名医の治療を受けるには、お金を持っているかよりも「正しい情報を持っているか」がものをいいます。

そして、実際に診察を受けてみるのです。自分で色々とデータを調べ、それを並べて医者の話を聞くのもいい方法です。患者の話を熱心に聞き、最善と思われる治療方針を示してくれる医者を選んで下さい。「患者が医者に指図するな」などと怒ったり、不機嫌になったりする医者は「命を委ねる価値のない人物」といえます。

自分で納得して治療法を決めるのと、医者や家族にすすめられるがままに治療を受けるのとでは、心の在りかたがまるで違ってくるのです。

②のガンとともに生きる治療法を選んだ場合、ひとりで普段通りの生活をしながら、やりたいことをして生きられます。ガンという病気は、積極的な治療をしなければ死ぬ少し前まで普通の暮らしができる病気です。治療を受けたほうが長生きか、受けないほうが長生きかも、日本の医学会は大規模な比較調査を行っていないので、分からないのです。

高齢者の特権として、ガンとともに生きやすくなるということがあります。高齢者のほうがガンの進行が緩やかになるため、いくつもガンを抱えながら、生活の質を損なわずに暮らしている人は珍しくありません。放っておいても大丈夫なケースというのも意外と多くあるくらいです。実際、先述の通り、2人にひとりはガンの存在さえ知らないまま亡くなっているのです。

もっと高年になると、ガンの進行はさらに遅くなるので、食事も美味しく摂れる、好きなことも続けられると、死ぬぎりぎりまで、生活に何の支障もなくなることは珍しくありません。治療に使うはずだったお金で、旅行も楽しめることでしょう。

高齢者を専門に診てきた医者の立場からも思うのは、余計な治療さえしなければ、ガンになって亡くなるのは、わりといい死にかただということです。

死ぬまでひとり暮らしをするためにこの病気には注意

生活習慣病やガンにばかり気をとられ、目や耳という大切な器官の病気を放っておいてはいけません。視力や聴力を失うことは、ある種、死ぬよりもつらいことになり得ます。目が見えない、耳が聞こえないでは、これまで通りの生活はできなくなります。

これからの人生のテーマを、死ぬまでひとり暮らしを満喫するということに置くならば、目や耳、足腰など外科的な病気にこそ、注意しておくべきなのです。

高齢者の目の病気で重大なものは、白内障です。

白内障は、目の水晶体が濁り、視力が低下する病気です。主な症状として、目のかすみ、光がまぶしく感じる、ものが二重に見える、視力の低下などが挙げられます。

白内障の主たる原因は加齢です。歳を重ねるにつれ、水晶体の成分であるタンパク質は活性酸素によって変化します。それで、濁ってしまうのです。これは、いわば目の老化で、75歳以上の2人にひとりは、白内障を発症するといわれています。

ものがよく見えない、視野が暗くなるといった視力の低下は心にも影響を及ぼし、うつ病を発症するケースも少なくありません。ごく一般的な目の老化ではありますが「歳だから」と軽んじていいものではないのです。

視力を回復するには、人工の水晶体（眼内レンズ）を入れる白内障手術が効果的です。日帰り手術が一般的ですが、合併症のリスクがあるなどで、入院を選択する人も多くいます。見えづらくなったら、眼科に行くことです。そのままにしておいても、よくなるものではありません。

白内障が原因で、抑うつ状態にあった人が、術後、視界が明るくクリアになることで症状が改善することは珍しくありません。また、認知症が始まっている人も視界が明るくなることで、ちょっと頭がはっきりしたりもします。

目とともに、重要な器官である耳も、加齢とともに衰えていきます。

加齢が原因で起こる難聴は加齢性難聴（老人性難聴）といいます。早い人で50歳頃から始まり、60代後半から急増します。75歳以上の人の7割以上は、加齢性難聴だといわれています。

加齢性難聴では、一般に高い音が聞こえにくくなることから始まります。たとえば、テレビの音量が大きくなった、体温計のピッピッという電子音や携帯電話の着信音が聞こえない、周囲から声が大きいといわれるなどがあれば、難聴を疑うサインです。

聞こえが悪くなる原因は、加齢により耳の中の有毛細胞が劣化したり、減少したりすることにあります。一度損傷した有毛細胞は再生しないため、加齢性難聴は治すことができません。耳が遠くなったと感じたら、迷わず補聴器を使うことです。

聴力が低下すると、生活の質が落ちてしまうのはもちろんのこと、認知症の発症リスクも高めてしまいます。

脳は、耳から音の刺激を受けることで活発に働きます。難聴を放置すると、耳から脳に伝達される音の刺激が少なくなり、音声を処理する脳の部位が健全に働かなくなるのです。すると、脳のほかの部位も働きが低下し、脳の萎縮が進んで認知症を招くという流れになってしまうのです。

難聴と認知症の発症リスクについて調べた研究では、健聴者と比べ、軽度難聴者は約2倍、中等度難聴者は約3倍、高度難聴者は約5倍も認知症になるリスクが高まるというデータがあります。これは、大きな数字だといえます。刺激的で楽しい生活を送って、どんなに脳へ刺激を送っても、加齢性難聴を放っておいたら、台なしということです。

決して軽視しないで下さい。補聴器をつければ、問題は解決するのですから、聞こえ具合に異常を感じたら、耳鼻科に行って検査をするべきです。

補聴器を「年寄り臭い」と敬遠する人もいますが、恥ずべきことではありません。サイズもコンパクトになり、耳への圧迫感も気にならなくなっています。デジタル技術の進歩により、スマートフォン専用アプリで、聞こえ具合を調整できる補聴器も製品化されています。色々な種類があるので、試してみるといいでしょう。

目や耳のほか、足腰という整形外科の問題も気をつけて下さい。これから自由で楽しい人生が待っているのに、ひとりで歩けなくなっては楽しみが半減します。そんな事態が起こらないよう、日頃から足腰を鍛えておくのも課題の一つです。

また、食べ物や飲み物を喉から食道へ送り込む嚥下の機能にも気をつけて下さい。食事中にむせる回数が増えたり、咳払いが多くなったりしたら、嚥下機能が低下してきた可能性があります。

嚥下機能が衰える原因は、虫歯や歯周病で自分の歯が減り、食べ物をかみ砕く力が衰えた、唾液の分泌の減少、喉の筋力の低下などです。飲み込む力を衰えたままにしておくと、異物を咳で排出しにくくなります。すると、口の中の細菌が食べ物と一緒に、気管から気管支、肺に入って誤嚥性肺炎が起こりやすくなってしまうのです。誤嚥性肺炎は、命にかかわるので十分な対策が必要になってきます。

嚥下機能を衰えさせないためには以下の四つの習慣を心がけて下さい。

・口の中を清潔に保つ
・可能な限りおしゃべりをして声を出す
・カラオケで喉を鍛える
・舌をまわして唾液を出す

意識して生活することで、誤嚥性肺炎を予防しましょう。

健康診断で早死に、その薬はホントに必要？

欧米では、健康診断を医療対策として採用していません。健康診断と、それによる病気の早期発見、治療の有効性にエビデンスがないからです。反対に「健康診断に有効性はない」という調査結果は存在します。

生活習慣病と診断された約1200人を対象に実施されたフィンランドの比較調査では、定期的に健康診断を行い、医者が指示を出していた人たちのほうが、15年後の死亡率が高かったという結果になりました。この結果は、データ上での正常値と健康とは結びつかないと考えるエビデンスになります。

健診によって異常値を示した項目があると、糖尿病、高血圧症、脂質異常症、肥満症などの病名がつきます。病名がつけば、本人に自覚症状がなくて健康的に暮らしていても、治療の対象になってしまうのが、今の日本の医療です。「数値が高いですね。正常値まで下げましょう」といわれ、薬が処方されるのです。

この薬が曲者です。60歳ともなれば、若い頃と比べて、肝臓や腎臓の機能が落ちてきています。そのぶん、薬が体内で作用し残留する時間が長くなるのです。薬を毎日飲み続けることだけで、頭がぼーっとしたり、だるくなったりするという不調が起こりやすくなってしまいます。このあたりで「その薬は本当に必要なものなのか」、今一度踏みとどまって考えてみるべきです。

日本の医者は、血圧が150あれば「こんなに高いと脳卒中になりかねないので、薬を出しておきましょう」と簡単にいいます。もともと、歳をとれば血圧が多少高くなるのは当然のことなのにです。70歳以上になると、男女ともに約70パーセントもの人が高血圧と診断されます。つまり正常値であるほうがかえって異常なのです。

これは、若者も老人も一緒くたにして、血圧の正常値を決めているからです。年齢によって血管の状態はまったく違います。それを同じに考えてしまうことは間違えています。それに、血圧が高いこと自体は即座に病気というわけではありません。

日本では正常とされる数値を「少しでも超えると」すぐに薬で値を下げようとします。「まだ、病気にかかったわけでもないのに」患者を薬漬けにしてしまうことは、不必要なことです。これではまるで、家の土台が悪くなっていないのに、将来雨漏りするとか、シロアリの温床になるなどのリスクをことさらに強調して、無理に家のリフォームをすすめる悪徳業者と同じです。

医者にとっては「あなたはその他大勢」でしかありません。**自分の体と人生には自分で責任を持ちましょう。**多くの医者は、患者に判断材料を与えることもせず、ただ危険を煽って薬を処方しています。

年齢との兼ね合いや副作用など、きちんと説明すれば、薬を飲まない、やめる、という選択をする患者も大勢いると思います。それなのに、説明責任を果たさない医者が多すぎます。一律に薬を処方して、医療費を増やしていたら、医者と製薬会社が得をしていると思われても仕方ないのではないでしょうか。

患者の医療費と人生を食いものにしているといってもいい過ぎではありません。責任を果たさない医者の罪悪は大きいといえます。

非加熱製剤を処方した薬害エイズ事件は、大きな社会問題になりました。この問題で、注視しなくてはならない点は「医者が患者に説明せず、独断で治療をしてきた」ことです。患者からすると判断材料を与えられず、気がついたときには、人生を左右する重大な薬の被害にあってしまっていたということになります。この薬害エイズ事件でさえも、医者の説明責任は問われませんでした。結局、今でも医者の間では同じように説明責任を果たさなくても平気だ、という悪習が続いています。

インフォームドコンセント（医師と患者との十分な情報を得た上での合意）などは、上辺だけのことです。いまだに独断専行的な治療が多いのが実態です。

患者は「変だな」と思ったら、自ら医者に確認したり、自分で情報収集に励んで、自衛しなくてはならないのです。

薬をやめるのが元気になる一番の特効薬

私は精神科医なので、よその科の薬をやめさせるということは現実的にはないのですが、薬をやめたら元気になったという高齢者の話は聞いたことがあります。

1980年代後半から90年代にかけて入院医療費の定額制が導入されたことは

ご存知でしょう。これによって、長期療養型病院、いわゆる老人病院では、点滴や薬の処方が減りました。それまでは、出来高払いで、点滴をしたり、検査したりすればするほど儲かっていたのが通用しなくなったからです。定額制になったら、今度はそれらをしなければしないほど儲かるので、余計なことをしなくなったということです。

その当時、有名な老人病院の院長が「これまでは使い過ぎで、今は減らし過ぎという非難があるでしょう。ただ一つ知って欲しいのは、薬を3分の1に減らしたら、多くの寝たきりの患者が歩き出したということです」といいました。これが、真実なのです。

医者は、薬をやめたら死ぬぞと脅かしますが、ほとんどの病気は、薬をやめたところで、元に戻るだけです。死にはしません。血圧や血糖値の薬はいい例です。試しに、1週間ほどやめてみて、調子がいいならそれでもいいという考えかたもあると思います。

第七章

もっと歳をとったときどう暮らすか

ひとり老後の生きかた

老人ホームで死ぬメリット

ひとりでは、もうどうにも立ち行かない。そうなったら、老人ホームという選択があります。入ったこともないのに、老人ホームなんて不幸だと決めつけないで下さい。

老人ホームにも、メリットはたくさんあるのです。

周囲に人がたくさんいるという状況は、心身の自立を促します。病気や生活をプロに任せられるぶん、介護、医療体制については、自宅でひとり過ごすより安心でしょう。介護保険が始まり20年以上経ったので、介護スタッフも慣れてきました。実際、施設に入ると元気になったり、笑顔になったりする人を私も多く見ています。

子ども側から考えてみても、老人ホームは、負担の軽減になります。自分の介護によって、子どもに不本意な辞職をさせてしまうことがなくなります。そうすると、親であるこちらの精神的負担も減ることになるのです。

独居の高齢者より、家族と同居の高齢者のほうが自殺が多いのですが、これは「迷惑をかけている」という罪悪感の心理が働いているせいだと思われます。そんな事態を避ける意味でも、最後には、老人ホームを選んでもいいのではないでしょうか。

老人ホームで死ぬということも、まったく寂しいことではありません。たとえば、身寄りがなく、知り合いも少ないという人は、今の時代は珍しくありません。そういうケースでも、施設で亡くなると、介護スタッフや看護師さんが絶対についてくれているのです。

血のつながりがなくても、最期までそばにいて看取ってくれた人たちだから、やはり悲しんでくれます。そんな様子を見ると、それはそれで幸せな死にかただなぁと思ったりするのです。

老人ホームでの一日どうなってるの

老人ホームに入りたくないという一番の理由は、生活に制限がかかるということでしょう。そこは、正直確認しなければ分かりません。というのも、老人ホームは施設によって、かなり違いがあるからです。

酒、タバコは禁止しているところが多いですが、もちろんそうでない施設もあります。決まりごとは、施設長の考えかた次第といったところでしょうか。今は、ウーバーイーツを頼める施設もあると聞いたことがあります。

朝が苦手な人は、強制的に起こされることも心配だと思います。実際には、起こされることはありませんが、朝食の時間が決まっているので、起きざるを得ないという感じです。それに、あんまり起きてこないと心配してスタッフがきてしまいます。結果として、やはり起きることになってしまいます。

私が老人ホームに入るとして一番嫌だなと思うことは、味のしない食事を摂らされることです。それと、夕飯の時間が早すぎる。これは嫌ですね。

朝は8時。昼は12時。夜は17時。だいたいそれが食事の時間というところが多いでしょう。これは、今までの生活とあまりに違う時間帯なので、問題だと思うのです。食事の自由度は高いところを選ぶようにしたほうがいいかもしれません。

日本では、要介護状態になってから施設に入る人が多いので、歩けなかったり、ボケてはいるけれども会話は成り立つといった程度の人たちが一番多く入居しています。年齢は85歳くらいといったところです。

老人ホームというと、ひどい認知症の老人だらけで、徘徊や暴言、暴力などの問題行動を起こすと誤解している人も多いと思います。現在、日本人の約20人にひとりは認知症です。認知症＝徘徊となれば、街中にさ迷い歩く高齢者がいるはずですが、そんな光景を見たことはないでしょう。実は、問題行動を起こす人は全体の5～10パーセントと少数派なので、それほど心配はいらないはずです。

施設にいる大半の人は、大人しく穏やかです。認知症が進んだお年寄りほど、にこにこして多幸的です。それは、脳が衰えてきているので、嫌なことを忘れてしまうからでしょう。大声を出したり、暴れたりするのには、理由があることが多いのです。過度な恐怖心を抱く必要はありません。

入居者のレベルは、体験入居をして確認する必要があると思います。

施設によっては、サークルやレクリエーションがあり、スポーツジムまでついているところがあります。場合によっては、生涯の友情が芽生えたり、恋愛に発展したりすることもあるようです。

有料老人ホームには、住居型もあるので、自分であまり社交的ではないと思っている人は、住居型を選ぶといいかもしれません。男性の入居者は、掃除も料理もついているからと、ホテル代わりと考えている人が多く、自由度が高いのが特徴です。

老後に自分でお金を稼ぐ方法

世の中には、仕事ができさえすれば、高齢者でもいいという会社はうなるほどあります。たとえば、起業した会社が大きくなったけれど、経理のできる人がいない。経験者を紹介して欲しい。ＩＴの会社なのだけれど、社員がオタクばかりでどうにも営業がうまくいかない。誰か営業のうまい人を知らないか。そんな具合に、人を探している会社は多いのです。そして、何か「やること」を探している高齢者はたくさんいます。

それでも、マッチングできません。高齢者向けの転職サイトなどのシステムがないから、探しようがないのです。おかしな話です。

はっきりいって、70代くらいまでは40代、50代に負けません。まだまだ働けます。スマホもパソコンも使える人は多いし、体も頭も問題ありません。現役時代、非常に優秀なビジネスマンで、引く手数多だった人も、リタイヤしていると、給料は安くてもいいといったりします。そこそこの給料で、高い技能の人が雇えるのに、転職サイトさえつくらない。まったく、日本の経営者はバカばかりだなと思います。

年寄りだからと高齢者を相手にしていないのです。これは、この国の問題点です。高齢者向けの転職サイトをすぐにつくるべきです。ほかにないシステムなので、今つくれば、きっとうまくいくと思います。

どんなに些細なことでも、自分の力でお金を稼ぐというのは、脳にとっての最上級の刺激になります。老後に必要なお金の節約法を考えるより、どうやって必要な額を稼ぎ出すかを考えることのほうが意味があります。

外に出て仕事をするとか、起業をするとかまでいかなくても、余裕があるなら、株や投資信託の運用をしてみるのも一案です。

変動するチャートを見ながら売買の決断を下すことは、感情の老化予防としても効果的なことです。ルールを決め、大きな儲けを望まずコツコツやれば、ちょっとした小遣い稼ぎになるはずです。それを老化防止の費用にまわしたり、趣味やストレス発散に使えばいいのです。

銀行にただお金を寝かせておくよりは、頭も働き、心身が活発になるというものです。

もっと
歳をとった人たちの暮らしはどうなのか

もっと歳をとった人たちは、どんな暮らしをしているのか気になる人もいると思います。参考までに、私が知る老後の話をお伝えします。

私がその人を診ていたときは70代だったので、現在は80代だと思います。中小企業の社長だったという人がいました。かつては、かなり羽振りがよかったらしいのですが、バブルがはじけて、会社は倒産。自己破産し、老後は生活保護でした。

それでも彼は堂々としたもので、「俺が払った税金に比べれば、生活保護なんてチョロいもんだよ」といっていたものです。ご存知だと思いますが、自己破産すると、借金はチャラになりますが、年金はもらえます。そうなったら開き直って生きましょう。

そもそも、働いていたのなら、だいたいの人は、厚生年金もあるし、家のローンも払い終わっていることでしょう。変なことに手を出さなければ、そこまで惨めな暮らしに陥ることはありません。生活もそれほど苦しくはないと思います。

お金があるがゆえに、自ら不幸に陥っていく人もいました。

その人は、高級老人ホームに入居し、設備や調度品も立派な個室に住んでいるのに、いつも不機嫌そうでした。1食5000円の食事が、1日3回何もいわずとも出てくるのに、美味しいと顔をほころばせることはありません。

大きな会社の社長をやっていたそうです。現役時代は、社員がひれ伏していたのに、今や自分を慕って会いにくる人はいません。その人は「あんなに可愛がってやったのに、裏切りやがって」と人に対して不満を持ちやすくなっていたのです。

老人ホームのスタッフは、親切にしてくれますが、自分にひれ伏すことはありません。そうなると「ここのスタッフはなっていない。俺は大金を払ってるんだ」と怒りが湧いてきます。とても見苦しいものでした。

食事も同じです。現役時代、料亭や高級レストランで豪勢な食事をしてきたので、ホームの食事をみすぼらしく感じていたのです。

私は、その人の態度を見て、老後にお金があり過ぎるのも考えものだなと思いました。不幸の原因は、お金があることです。お金があるからこそ、理想が高くなり、自らを不幸にする思考に陥ってしまうのです。気の毒な人でした。

若い頃から、家族のため、会社のためと身を粉にして働いてきたけれども、貯金はまるでないという人がいました。

年金だけでは足りないので、生活保護を受けて、特別養護老人ホームに入居しています。彼は「こんなによくしてもらって、私はなんて幸せなのだろう」と私にいったことがあります。毎日、おかずが3品もあるし、スタッフもまめに世話をしてくれる。優しく声をかけてくれる。人生でこれほどゆったりしたことはないといっていました。

老後、大事なことは、お金があってもなくても、幸せを見つける方法を知ることです。

その一つが、過去の自分に参照点を置くのではなく、今の自分に見合ったところに参照点を置くことです。参照点は低いほうが幸福度が高まります。参照点をわざわざ高く設定し、人や社会に不満を抱えながら生きることほど、もったいないことはありません。

昨日までの生きかたを、今日からひっくり返したっていいのです。変化を自由に楽しめるのも、成熟した高齢者の強みなのですから。

おわりに――「死ぬまでひとり暮らし」は人生のご褒美

2023年現在、AIの国語力が人間に追いついたとのことです。ということは、私たちがAIに、何か話しかけたとき、わりとまともな答えが返ってくるということです。つまり、AIでよければ、けっこういい話し相手になるわけです。もっといえばAIのほうが、人を傷つけることはいわないし、しっかりとした文章で話してくれるので、余程いいとさえいえるのです。ひとり暮らしの寂しさをだいぶ解消してくれる可能性があります。

次に出てくるのは、AIを内蔵したロボットでしょう。おそらく、家事や簡単な料理をしてくれるようなロボットが開発されるはずです。3Dプリンターで、好みの女優と同じ姿形を再現することもできます。

声も姿も人間と同じレベルのロボットができたら、友達や彼女、家族もつくる必要がなくなるかもしれません。これは、夢ではありません。技術はあるのです。いかにして量産するかという問題をクリアすれば、すぐにでも実現できる話なのです。そうなると、ひとり暮らしの不自由は、大幅に改善されます。

これは、あくまで私のイメージですが、かつてはひとりというと、寂しさや厳しさ、あるいは人を寄せつけない変わり者といったふうに捉えられてきたと思います。でも、今は、ずいぶん違ってきているのではないでしょうか。

「煩わしいつき合いなどしないで済むなら、それが一番理想的」

「人には、会いたくなったら会えばいい。後はずっとひとりでも、少しも寂しくない」

「ひとりで生きていくことは、孤独ではなく、自由。やることなんていっぱいある」

少しも特別な考えかたではありません。こういった考えが一般的になったのは、上野千鶴子さんのベストセラー『おひとりさまの老後』がきっかけだったと思います。「おひとりさま」という言葉が流行したのはもう10年以上前のことです。

老後のひとり暮らしについての書籍は、ここのところ大きな波となっています。ひとりで楽しく暮らす様子を綴ったエッセイや、指南本が次々発売されています。これは、ひとりを肯定的に、前向きに受け止めようという人がそれだけ多くいるということです。

超高齢社会では、自分がその前に死ななければいずれ誰でもひとりになります。死やひとり暮らしは誰にでも訪れます。びくびくと恐れて生きるのはもうやめにしましょう。それよりも、理解し、選択し、親しむほうが生きやすい時代になったのです。

最近の心理学の立場では、頭のいい人間、心の健康な人間というのは、理論にしばられる人間ではなく、ほかの可能性を考えられる人間をいうのだそうです。まずは、試してみて、それから結論を出そうと思うのが優れた人間のすることだということです。

どこかにひとり暮らしへの憧れがあるのなら、試してみてもいいのです。これは、あなたの人生なのですから。

歳をとったら、ガマンやストレスは禁物です。好きなものを食べ、やりたいことをやって、その日を元気に過ごして下さい。自分の人生なのですから、自分で決めていいと思います。最後の10年20年は「人生を楽しませてね」と思っていいのです。

これからは人生のご褒美の時間です。何をしましょうか。時間があるとき、何度でも本書を開いて下さい。ここには、死ぬまでひとり暮らしを望む仲間がたく

さんいます。

これからも輝き続けましょう。本書が、皆さんの幸せな毎日の手助けになりましたら、著者としてこんなに嬉しいことはありません。

2023年　和田秀樹

死《し》ぬまでひとり暮《ぐ》らし
死《し》ぬときに後悔《こうかい》しないために読《よ》む本《ほん》

2024年１月15日　初版第1刷発行
2024年12月15日　　　第7刷発行

著者　和田秀樹《わだひでき》
発行者　笹田大治
発行所　株式会社興陽館
〒113-0024
東京都文京区西片1-17-8 KSビル
TEL 03-5840-7820　FAX 03-5840-7954
URL https://www.koyokan.co.jp
装丁　長坂勇司（nagasaka design）
校正　新名哲明
編集協力　安齋裕子
編集補助　伊藤桂　飯島和歌子
編集人　本田道生
印刷　恵友印刷株式会社
DTP　有限会社天龍社
製本　ナショナル製本協同組合

Printed in Japan
ISBN978-4-87723-320-4 C0095

孤独がきみを強くする

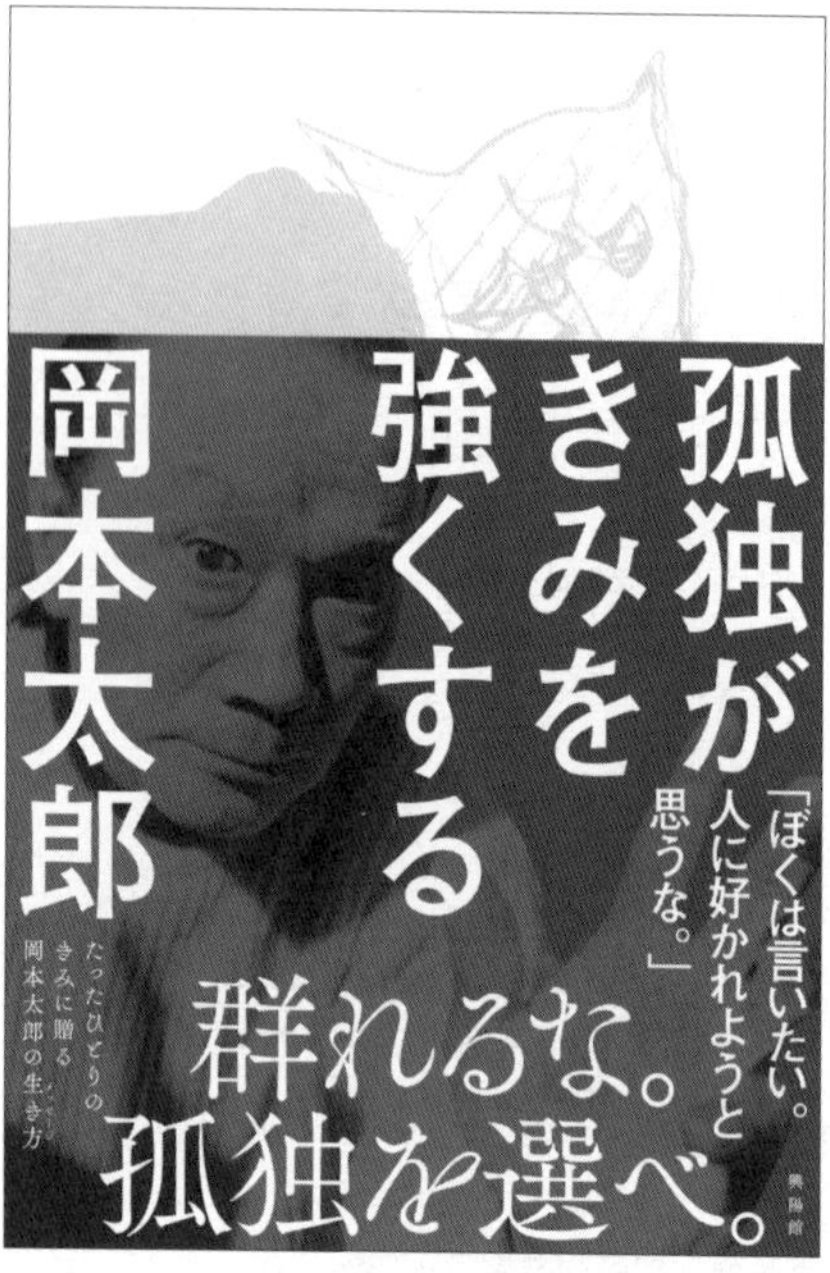

岡本太郎

本体 1,000 円 + 税　ISBN978-4-87723-195-8 C0095

群れるな。孤独を選べ。孤独はただの寂しさじゃない。孤独こそ人間が強烈に生きるバネだ。たったひとりのきみに贈る岡本太郎からの激しく優しいメッセージ。

強くなる本

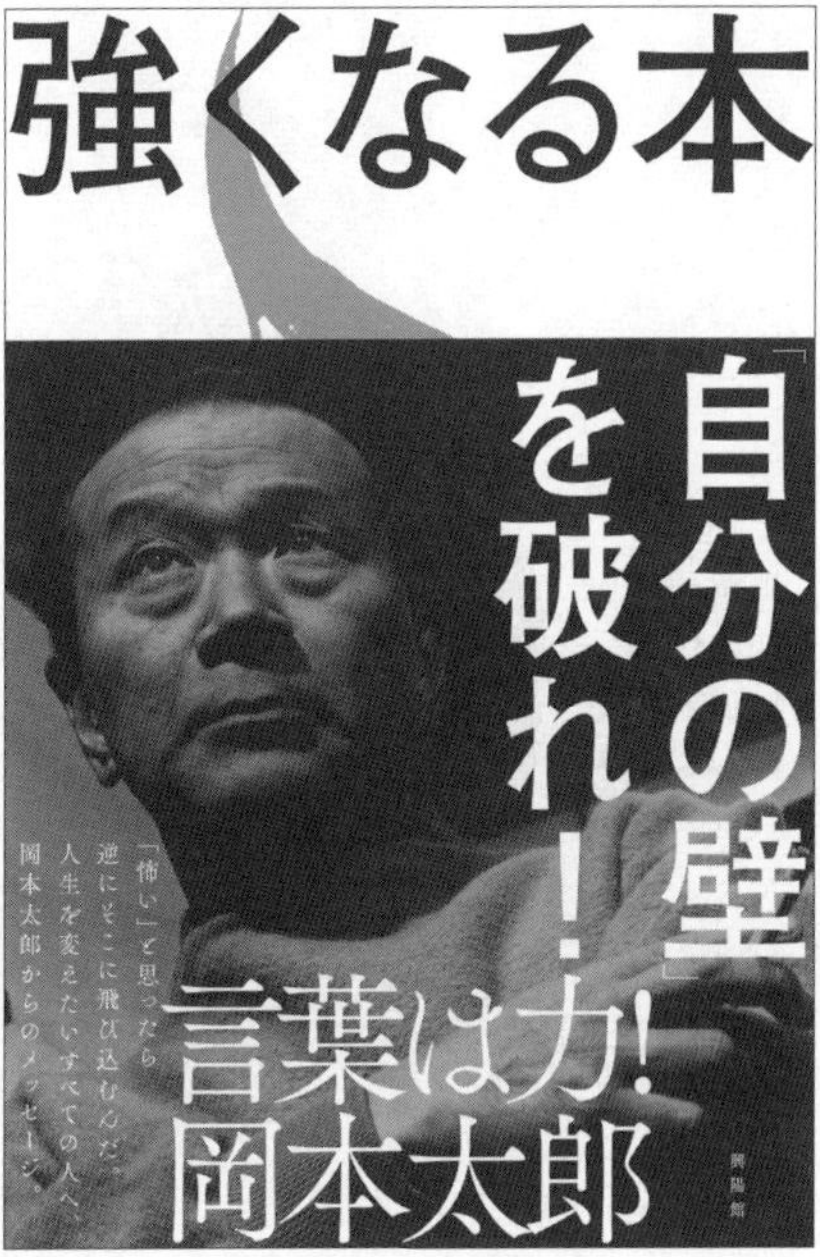

岡本太郎

本体 1,000 円 + 税　ISBN978-4-87723-293-1 C0095

誤解されるほど人は強くなる。弱さは強さになる。他人の眼なんて気にする必要なんてない。やりたいことをやれば、きみは強くなる。岡本太郎が語りかける強烈な言葉たち。

85歳のひとり暮らし

ありあわせがたのしい工夫生活

田村セツコ

本体 1,300 円 + 税　ISBN978-4-87723-305-1 C0095

食べものも着る服もありあわせ。お金を使わずかわいくておしゃれに工夫生活！ 85歳を過ぎても現役イラストレーターの田村セツコさんの素敵なひとりの暮らしかたが詰まった一冊。

80代から認知症はフツー

ボケを明るく生きる

和田秀樹

本体 1,000 円 + 税　ISBN978-4-87723-297-9 C0095

そもそも認知症の正体ってなんだろう。脳と年齢のほんとうの話とは？　むやみに高齢になることをこわがらず、ボケても幸せに生きる極意について、高齢者医療の第一人者が説く。